AF261923

GEORGES VEYSSET

GEORGES VEYSSET

UN ÉPISODE DE LA COMMUNE

ET DU

GOUVERNEMENT DE M. THIERS

PAR

Mᵐᵉ DE FORSANS-VEYSSET

BRUXELLES

LANDSBERGER & Cᵉ, LIBRAIRES ÉDITEURS

2, RUE DE NAMUR, 2

1873

I

LA COMMUNE DE PARIS

C'était le 24 mai 1871, dans les derniers jours de la Commune. Dombrowski — un des rares hommes de tête et de valeur que le rêve de la république universelle avait entraîné dans l'insurrection — Dombrowski avait été tué l'avant-veille à la barricade du boulevard d'Ornano. Les délégués, les membres du comité de salut public, ce ramassis de tyrans populaires que le général avait si énergiquement caractérisés : « gens de boue, cruels et lâches », affolés de terreur par l'approche des troupes de Versailles, s'étourdissaient dans le pillage, le feu et le meurtre. L'horrible et grimaçante parodie des grands excès révolutionnaires de 1792-93, s'achevait, comme elle avait commencé, dans l'orgie et le sang où se reflétait la sinistre lueur des incendies au pétrole.

Dès le matin de ce jour où la délivrance de Paris fut si chèrement achetée, les hordes déguenillées ont envahi l'ex-préfecture de police. Elles ont traîné dans le grand salon un drapeau tricolore, — que les insurgés prétendent avoir pris aux Versaillais les armes à la main, mais qu'ils ont plutôt trouvé dans les combles de l'hôtel, — on l'entoure de chaises et de canapés ruisselant de pétrole et chargés de cartouches. C'est l'incendie qui s'apprête. Installé dans le cabinet du préfet, Ferré distribue à tous ses fidèles de l'argent pour le porter aux barricades. Ne faut-il pas du vin et de l'eau de vie à ces malheureux fanatisés qui se font tuer pour sauvegarder la vie et les uniformes des hauts bonnets de la Commune.

Cependant la bataille se rapproche, l'armée de Versailles emporte les dernières barricades autour de l'hôtel de ville. Il n'y a plus de temps à perdre ; un dernier crime reste à commettre. Ferré descend avec deux commissaires au dépôt. On prend le livre d'écrou. Une liste de cent noms est dressée! On commence l'interrogatoire. Un seul détenu est condamné à mort. C'était bien pour lui et pour lui seul qu'on s'était livré à toute cette procédure. Le délégué Ferré le livre au juge d'instruction Würth. Un peloton d'exécution est requis et recruté parmi les *Vengeurs de Flourens*. Le « condamné » est entraîné vers le Pont-Neuf, au pied de la statue de Henri IV. Würth s'adresse alors aux insurgés : « Citoyens, vous le « voyez, leur dit-il, nous faisons tout au grand jour. « Voilà un misérable qui nous a trahis et qui va subir

« son châtiment ». — Et le « misérable » de répondre simplement : «Je vous pardonne ma mort...»
Il ne peut achever, son crâne vole en éclats, trois ou quatre des « exécuteurs » ramassent son corps, le balancent deux ou trois fois au dessus du parapet et le lancent dans la Seine.

L'homme qui venait de périr si misérablement, lâchement assassiné, se nommait Georges Veysset. Dévoué à la cause de l'ordre, profondément ému de la lutte fratricide qui ensanglantait la France en donnant à la Prusse l'affligeant spectacle de nos luttes intestines, Veysset, autorisé par le gouvernement de Versailles, avait, en faisant sacrifice de sa vie, accepté la périlleuse mission de détacher de la Commune, dont les excès les avaient dégoûtés, Dombrowski et quelques autres chefs militaires. C'était là son crime, crime irrémissible ; c'était là ce que Würth appelait sa « trahison », et ce pour quoi cet « intègre juge d'instruction » présida à son « châtiment[1] ».

Nous nous proposons aujourd'hui d'esquisser rapidement l'histoire de cette mission aussi honorable que dangereuse, mission que Veysset avait réclamée, et qu'il a poursuivie avec une noble ardeur et une grande prudence. Mais, avant d'entreprendre ce récit, il est indispensable de faire connaître, en quel-

---

[1] Cet « intègre juge d'instruction qui fait tout au grand jour » pourrait-il de Gravesend, petit port aux environs de Londres, où il s'est réfugié, paraît-il, donner des renseignements sur les vingt mille francs dont Veysset était porteur, lors de son arrestation?

ques mots, les circonstances qui amenèrent ce courageux citoyen à la solliciter.

Pendant le siége de Paris, s'occupant activement des questions de ravitaillement, il avait toujours entretenu de fréquentes relations avec le gouvernement de la défense nationale. Il fut même question pendant un certain temps de le faire partir en ballon pour poursuivre en province cette grave affaire que les circonstances rendaient tous les jours de plus en plus sérieuse. Le ballon avait déjà été acheté à M. Godard, deux mille cinq cents francs, mais la marche des événements empêcha de donner suite à ce projet.

Après l'armistice, Veysset suivit le gouvernement à Bordeaux. Il rencontra dans cette ville l'amiral Saisset qu'il avait connu autrefois; il renoua avec lui des rapports que leurs deux natures, essentiellement françaises et loyales, transformèrent bientôt en une sorte d'intimité toute de vénération de la part de Veysset, toute de confiance de la part de l'amiral.

L'affaire, qui avait amené Veysset à Bordeaux et qui le conduisit ensuite à Versailles avec l'Assemblée nationale, concernait le ravitaillement des départements envahis, dont il briguait la concession; mais ce projet ne l'absorbait pas au point de lui faire oublier les tristes conséquences du 18 mars, ni de lui fermer les yeux sur les crimes qui ensanglantaient journellement Paris. Il en parlait souvent avec l'amiral et, à la suite de ces douloureux entretiens, germa dans son esprit la pensée hardie de servir d'intermédiaire entre le gouvernement de Versailles et ceux des chefs de la Commune qui, à la poursuite d'une utopie, s'étaient fourvoyés dans cette orgie de débauches et de crimes. Il s'en ouvrit à l'amiral Saisset; celui-ci, après avoir examiné le projet, pesé le pour et le contre, reconnût avec lui la possibilité d'arriver par ce moyen à une solution prochaine. Pour en faciliter l'accomplissement, il présenta M. Veysset à M. Barthélémy St-Hilaire et le mit ainsi en rapport direct avec le gouvernement de Versailles.

Dans les premiers jours d'avril, Veysset se mit à l'œuvre. Il associa aussitôt à ses projets Mme de Forsans-Veysset et deux de ses amis, MM. Adrien et Alphonse Guttin dont le courage et le dévouement à la cause de l'ordre lui étaient connus depuis longtemps.

Le premier plan, présenté par M. Adrien Guttin et aussitôt adopté, consistait à se rendre maître des points les plus importants de la capitale et d'opérer une forte diversion dans le milieu même de Paris. Les positions, qui parurent alors les mieux disposées pour agir avec efficacité dans cette hypothèse, étaient l'état-major situé place Vendôme, la préfecture de police et l'école militaire où se trouvaient de grands approvisionnements.

On avisa aussitôt aux moyens d'amener ce projet à bonne fin. Dès le premier jour MM. Guttin frères avaient mis Veysset en rapport avec M. Cadart, commandant du 8e bataillon de marche de la garde nationale de Paris. Celui-ci accepta immédiatement de seconder l'entreprise et promit son concours actif. M. Guttin versa l'argent nécessaire pour solder les gardes nécessiteux de son bataillon et les mettre ainsi à même de refuser les vivres et la solde, alloués par la Commune.

En outre, M. Adrien Guttin, qui avait été fonctionnaire capitaine adjudant-major du 165e bataillon, pendant le siége de Paris, avait renoué des rapports avec son ancien adjudant Charles Chervet, alors commandant en second de ce même bataillon[1]. Cet officier entièrement dévoué à M. Ad. Guttin lui promit de lui livrer en temps opportun la porte du Point du Jour, et l'avancée où le 165e était de garde permanente. Chervet répondait de l'obéissance de ses hommes qui, pour la plupart, avaient fait partie de l'ancien bataillon et n'avaient conservé leur titre de garde dans le nouveau féderé que pour toucher la paie, prudemment et habilement élevée par la Commune de cinquante pour cent.

Ces premiers appuis assurés, restait à se rendre maître des positions importantes que l'on convoitait. Le projet de M. Ad. Guttin avait été déjà conçu, à peu près dans le même sens, par M. Mahuyssier, attaché à l'état-major du général Clinchant. Mis en rapport avec M. Ad. Guttin et ses amis par l'intermédiaire de M. M***, un ami commun, cet officier, ayant fait le relevé des forces de la place Vendôme, s'engageait à se rendre maître de cette position avec deux cents

---

[1] Le commandant en premier se nommait Caillet.

hommes résolus que M. Cadart mettrait à sa disposition au moment voulu.

M. Ad. Guttin, de son côté, sous prétexte de four-
nitures de fourrages, chercha à renouer des relations
avec un ancien lieutenant de son bataillon, nommé
Chalain, autrefois ouvrier cordonnier, alors membre de la Commune ; il se présenta à la préfecture de
police, muni de la carte du colonel Charton, un autre
membre de la Commune. Cette carte et le nom de
celui qu'il avait invoqué pour entrer, lui permirent
de rester trois heures dans le repaire des délégués et
des membres du comité de salut public. Examen fait
des lieux, de la position et des forces qui s'y trouvaient,
il put se convaincre qu'en faisant relever la garde de
la préfecture par un bataillon dévoué à la cause de
l'ordre et composé d'hommes déterminés, on pourrait
non seulement se rendre maître de l'hôtel de ville et
s'y maintenir, mais aussi, en agissant rapidement et
en faisant porter, pour n'éveiller aucun soupçon, un
faux numéro aux hommes des premiers rangs du bataillon, s'emparer de tous les membres de la Commune
présents, les bâillonner et les expédier au fil de l'eau
jusqu'à la porte de Sèvres.

Ces deux points examinés et le plan d'attaque
dressé, il fallait s'assurer de l'École militaire. Là, se
présentaient de véritables difficultés matérielles.
L'École était bien gardée, largement approvisionnée
et commandée par un homme habile et déterminé. Le
colonel Henry, nommé chef d'état-major par Bergeret
lui-même, était un tout jeune homme à la physiono-

mie avenante, représentant très réussi, par sa tournure et ses mœurs raffinées et voluptueuses, du petit crevé communard. Du reste, tacticien habile et diplomate éprouvé, il louvoya si bien pendant les deux mois du doux régime de la Commune que, au temps où le dicton : « Ote-toi de là que je m'y mette ! » était à l'ordre du jour, il sut se maintenir et se faire déclarer indispensable, dans un poste très envié de tous les chefs communards, un poste où l'on maniait constamment l'argent et où venait souvent échouer le montant des réquisitions ! La force, l'audace ne pouvaient rien contre de pareils obstacles ; on résolut donc de négocier. M. Cadart avait depuis longtemps des relations amicales avec le père de ce jeune et adroit colonel, M. Preudhomme[1] ; il accepta la mission délicate de le sonder au sujet de son fils. Dans la visite qu'il lui fit à cette occasion, il lui parla de M. Adrien Guttin, non comme d'un mandataire de Versailles, mais comme du délégué d'une réunion de capitalistes et d'honorables industriels, ayant tout pouvoir pour traiter avec le colonel Henry, afin d'obtenir son concours contre un état de choses déplorable à tous égards et qui, s'il se prolongeait, entraînerait l'irréparable ruine de la France.

M. Preudhomme fut d'abord indigné de ce que l'on pût croire à la vénalité de son fils ; toutefois, après un assez long échange d'explications de part et d'autre, M. Cadart obtint pour M. Guttin une entrevue qui eut

---

[1] Le véritable nom du colonel Henry était Henri Preudhomme.

lieu le lendemain soir, au domicile de M. Preudhomme,
rue de Châteaudun. Celui-ci promit de voir son fils,
mais il ne dissimula pas le peu de chance qu'il avait
de réussir, le gouvernement de Versailles n'étant nul-
lement disposé, disait-il, à accueillir les vœux de la
Commune de Paris, ou à lui faire des concessions. —
Il y avait des gens de bonne foi, prenant au sérieux cette bouffonnerie sanglante !

Sur ces entrefaites, Veysset qui, pendant ces négociations, s'était rendu à Versailles pour rendre
compte de sa mission et prendre de nouvelles instruc-
tions, annonça à ses amis que le gouvernement re-
nonçait au projet de se procurer les moyens d'opérer
une puissante diversion au sein même de Paris, et
que ce qu'il fallait poursuivre dorénavant, c'était
d'abord l'achat de deux autres portes — la porte du
Point-du-Jour se trouvant dans une position très défavorable à l'entrée des troupes versaillaises[1]; — ensuite, si cela était praticable, on devait détacher Dombrowski de la Commune. On n'ignorait pas alors à
Versailles que les talents militaires incontestables de
ce général et les côtés généreux de son caractère
l'avaient rendu suspect aux « purs » de la révolution ;
que lui, Dombrowski, était indigné des crimes qui se
perpétraient tous les jours sous ses yeux, qu'enfin il
suffirait de faire naître une occasion pour l'enga-

---

[1] Les portes de Passy et d'Auteuil restant aux mains des
insurgés, les batteries qu'ils avaient établies sur le parcours
auraient pris en écharpe l'armée de Versailles et l'auraient
décimée.

ger à abandonner une cause qu'il considérait désormais comme déshonorée.

La grande question était de parvenir auprès du général. M. Cadart songea immédiatement à s'aboucher avec Hutzinger, alors simple écuyer de Dombrowski. Hutzinger avait fait partie, pendant le siége de Paris, du 8e bataillon que commandait M. Cadart; il y avait connu M. Alphonse Guttin qui, lui aussi, avait été garde dans ce bataillon; ils avaient assisté ensemble aux sorties de Buzenval et de Montretout. Lorsqu'on a servi au même bataillon et que l'on s'est trouvé sur les mêmes champs de bataille, les relations se renouent promptement et prennent bientôt une tournure amicale; c'est ce qui advint dans ce cas-ci.

On n'attendit pas longtemps, du reste, le moment de rendre un véritable service à Hutzinger et de lui être heureusement agréable. Vers la mi-avril, pendant une reconnaissance que Dombrowski poussa audacieusement jusqu'au camp de Versailles, le général et son écuyer coururent les plus grands dangers. Hutzinger, homme d'une véritable bravoure, se fit distinguer de Dombrowski, qui le nomma aide-de-camp sur le champ de bataille. MM. Veysset et Guttin, en apprenant sa promotion, félicitèrent chaudement leur nouvel allié, lui remirent deux cents francs pour arroser ses galons et l'accompagnèrent à la maison Godillot, pour y commander son costume.

Cette heureuse circonstance resserra les liens d'amitié qui unissait Hutzinger à Veysset et à ses amis, en lui donnant en même temps une plus grande liberté

d'allures. Les entrevues purent être plus fréqnentes ;
elles avaient lieu rue Pigale, n° 28, dans un appartement vacant du 3° étage qui avait été mis à la disposition de M. Guttin par le concierge de la maison, un
sieur Müller, d'origine alsacienne, dont on lui avait
assuré le dévouement à la cause de l'ordre [1].

Mais, avec une police aussi bien organisée et
aussi bien faite que celle de la Commune de
trop fréquentes réunions au même endroit auraient
pu éveiller des soupçons. On convint donc de retenir
plusieurs appartements ; d'autres furent généreuse-
ment mis à la disposition de l'entreprise par des personnes dévouées et intéressées à la voir réussir.

Ces appartements étaient situés :

1° Rue de Madrid n° 29 ; chez un sujet turc, et gra-
cieusement offert à MM. Veysset et Guttin par
M. M... ;

2° Rue Pigale n° 7, chez un parent ;

3° Rue Neuve des Mathurins n° 91 ; chez M. le
comte de B... ;

4° Rue Condorcet n° 48 ;

5° Rue Frochot n° 12 ;

6° Boulevard Clichy n° 14 ;

7° Rue de Douai n° 3.

Ce fut dans ce dernier appartement et rue de
Madrid qu'eurent lieu la plupart des réunions et prin-
cipalement celles qui devaient avoir une certaine importance. La disposition de ces locaux était telle, en

---

[1] On n'a jamais su au juste ce que pouvait valoir ce dévouement.

effet, qu'elle présentait à nos amis de grandes facilités pour fuir, sans être vus, en cas d'alerte.

Les premières entrevues avec Hutzinger tendaient toujours au même but : persuader à l'aide-de-camp de Dombrowski de lui parler et de le rendre favorable à un accord avec le gouvernement de Versailles. Hutzinger ne fut pas facilement convaincu; il répugnait à risquer cette démarche et ne dissimula pas à ses nouveaux amis la défiance que les « Grecs porteurs de présents » inspiraient au général. Il n'avait aucune foi dans la parole du gouvernement de Versailles; il faudrait donc plus que des mots pour le décider, il faudrait des preuves matérielles, il faudrait des faits.

Veysset et ses amis ne se découragèrent pas. Ils avaient foi en leur mission et croyaient fermement que, ce qu'ils n'obtiendraient pas un jour, ils le conquerraient le lendemain. Ils avaient, du reste, surpris, dans une des réunions de la rue Pigale n° 7, des paroles d'Hutzinger leur confirmant la sourde inimitié qui régnait entre Dombrowski et la Commune. Là, existait puissant et inextricable, le germe d'une rupture qui devait éclater tôt ou tard. Il importait de diriger cette inimitié et d'en faire un instrument pour l'extinction de la guerre civile et le rétablissement de cette paix intérieure, si nécessaire après les déchirements de 1870-71.

Le général, en effet, ne pouvait avoir aucune confiance dans l'élément civil qui, de sa propre autorité, s'était investi de la confiance du peuple et la lui imposait par la terreur. Il avait offert ses services à la Commune avec l'espérance, — peut-être la conviction, — de fonder la république universelle ; mais il fallait des forces viriles pour y arriver et il n'avait trouvé dans son entourage que décrépitude, débauche et férocité. Aussi, depuis quelque temps déjà, avait-il formé le dessein de prendre seul la direction de la défense et, malheureusement, il l'avait manifesté tout haut devant son entourage. L'élément civil de la Commune n'ignorait donc pas qu'il aurait à compter avec Dombrowski ; celui-ci ne leur en était que plus odieux et ils cherchaient sournoisement l'occasion de se défaire du général. Au milieu de ce danger réel, celui-ci gardait sa sérénité et sa confiance ; Hutzinger exprimait bien la pensée de son général sur la situation lorsqu'il disait : « Nous les f... tous « à la porte, alors Dombrowski sera le maître et il ne « dépendra que de vous d'arrêter l'effusion du sang. »

Cependant Hutzinger se décida à parler au général. Celui-ci se montra, sans hésiter, tout disposé à entendre les propositions qu'on avait à lui faire. La première entrevue avec Veysset date des derniers jours d'avril. Elle eut lieu entre deux et quatre heures du matin à l'hôtel de la place Vendôme, où siégeait l'état-major de Dombrowski. Hutzinger vint prendre Veysset chez lui, rue Caumartin n° 62. Celui-ci fut accueilli par le général avec une certaine bienveillance, qui n'excluait pas tout à fait la méfiance dont son aide-de-camp avait parlé.

Cette entrevue, naturellement, n'amena aucun ré-

sultat, les deux parties s'observaient. Veysset, toutefois, en augurait bien. Qu'en pensait le général? Rien de défavorable, à coup sûr; car, à la seconde entrevue et sans y être provoqué, il se déboutonna entièrement : « Ces gens, dit-il, avec une amère ex-
« pression du suprême dégoût que lui inspirait la
« Commune, ces gens sont de boue, cruels et lâches.
« Hâtons-nous d'en finir. Au surplus, j'ai une garde
« dévouée et, s'ils cherchent à me tendre un piége,
« je déclarerai la dictature et je les arrêterai tous. »
Puis il ajoutait, en laissant percer à travers ses paroles une indicible tristesse : « Je croyais traiter
« avec la masse de la population, je me suis trompé
« et j'en suis puni... Partout je rencontre des lâches
« aux instincts de tigre et qui cependant fuiront à
« l'approche de Versailles. De moi, amis ou enne-
« mis diront que je me suis vendu. Eh bien, oui!
« je me vends!... Dans ce jeu terrible, c'est ma tête
« que je risque; je puis être fusillé, lâchement assas-
« siné par derrière, il faut du moins que je laisse
« du pain à ma femme et à mes enfants. »

Quelque hâte que Dombrowski eût de terminer, l'affaire n'en traîna pas moins en longueur, Hutzinger, malgré les justes observations de Veysset, pesait sur le général pour qu'il exigea le paiement comptant des trois portes qu'il livrerait aux soldats de Versailles; de son côté, Dombrowski avait des inquiétudes au sujet des sauf-conduits et il exigeait des garanties sérieuses.

Toutes ces tergiversations étaient de nature à

vivement impressionner Veysset ; mieux que personne, il sentait combien le temps était précieux. Il venait pourtant de mener à bonne fin une autre négociation d'une haute importance.

Par l'intermédiaire d'un de ses amis, le docteur Boudin ; il acheta les batteries de Montmartre pour une somme de dix mille francs, qui furent versés en deux fois. Le 6 mai, cinq cents francs furent donnés à titre d'arrhes et le jour suivant le docteur Boudin, pour prouver à Veysset qu'il était le maître de la situation, encloua deux pièces en sa présence. Les neuf mille cinq cents francs, qui restaient dûs, ne tardèrent pas à être remis à qui de droit.

Dès ce moment les batteries des buttes Montmartre firent merveille... à rebours. Elles eurent l'heur d'aiguiser l'ironie du « *Gaulois* », de la « *Liberté* » et des autres journaux de l'ordre qui ne comprenaient pas la cause du silence ou du tir mal dirigé de ses canons. Au lieu des terribles ravages qu'ils auraient pu causer à l'armée de Versailles, voici comment ils se comportaient, au dire de la *Liberté* du 17 mai :

> Les débuts des batteries de la butte Montmartre n'ont pas été heureux. Leurs premières bordées qui ont duré plusieurs heures, ont porté en plein sur les fédérés cantonnés au village Le Vallois, et ont fait de nombreuses victimes.
>
> Cela n'a pas empêché le journal *la Commune* de publier hier un bulletin daté de la « Butte Montmartre » et ainsi conçu :
>
> « Depuis 8 heures, nous tirons sur le château de Bécon. Situation excellente; TIR PARFAIT. »

« Tir parfait » a dû sembler dur à la garnison de Levallois.

Le *Journal officiel* se borne à dire plus modestement ce matin : « Le tir n'est pas encore bien juste. »

Les fédérés, écloppés hier, se plaignaient qu'il ne l'était que trop.

Les fédérés, sans rien savoir de positif, flairaient une trahison, ils devinaient qu'ils étaient joués et, ne pouvant rien préciser, chacun tirait son épingle du jeu, témoin cette note que le citoyen Jeannier fit insérer dans l'*Officiel* de la commune, sous la date du 16 mai :

Le citoyen Jeannier, commandant l'artillerie de Montmartre, fait observer que le feu des batteries des buttes a été dirigé par le commandant Gréjorok qui a été chargé de contenir cette batterie aux buttes, et qu'il n'entre en rien dans ce qui s'est exécuté dans le tir.

Le commandant d'artillerie de Montmartre,
JEANNIER.

Cependant les tergiversations de Dombrowski continuaient. Après avoir exigé, sur les conseils d'Hutzinger, le paiement comptant des portes qu'il livrerait à Versailles, il refusait des traites sur Londres et sur Bruxelles, alléguant avec quelque raison qu'elles ne seraient point acquittées. Il voulait ou des billets de la Banque de France ou du papier sur Rothschild de Francfort.

Les retards qu'amenaient fatalement ces discussions, étaient des plus fâcheux. Les soupçons s'éveillaient de tous côtés, au point de rendre dangereuses les entrevues à l'état-major de la place Vendôme. Elles eurent lieu, dès lors, dans une voiture de place conduite par le cocher Paul, homme entièrement dévoué à Veysset. Les rendez-vous étaient le plus souvent donnés sur la plaine de Courcelles et l'on rentrait à Paris, tirant chacun de son côté.

Pour donner plus de poids à ses négociations, Veysset avait proposé de présenter Hutzinger, à Versailles. Celui-ci, conduit par le cocher Paul dont nous avons parlé plus haut, vint prendre Veysset, à Saint-Denis et avec lui se rendit ensuite à Versailles. Fut-ce imprudence de sa part ou fatalité? Mais — on l'a su plus tard — il fut reconnu par des espions de la commune. De cette malheureuse reconnaissance, peut-être, naquirent toutes les difficultés qui, dès lors, se présentèrent en masses serrées.

La conséquence immédiate de cette découverte fut évidemment le décret rendu par le Comité de salut public en date du 26 floréal an LXXIX et inséré par l'*Officiel* le 16 mai 1871. Voici le décret :

Paris, le 16 mai.

Le Comité de salut public,

Considérant que, pour sauvegarder les intérêts de la Révolution, il est indispensable d'associer l'élément civil à l'élément militaire ;

Que nos pères avaient parfaitement compris que cette mesure pouvait seule préserver le pays de la dictature militaire, laquelle tôt ou tard aboutit invariablement à l'établissement d'une dynastie ;

Vu son arrêté instituant un délégué civil au département de la guerre.

ARRÊTE :

ART. 1er. Des commissaires civils, représentants de la Commune, sont délégués auprès des généraux des trois armées de la Commune.

ART. 2. Sont nommés commissaires civils :

1º Auprès du général Dombrowski, le citoyen Dereure ;

2º Auprès du général La Cécilia, le citoyen Johannard ;

3º Auprès du général Wrobleski, le citoyen Léo Melliet.

Hôtel de ville, le 26 floréal an 79.

Le Comité de salut public :

ANT. ARNAUD, BILLIORAY, E. EUDES,
F. GAMBON, G. RANVIER.

Les négociations pourtant avançaient et paraissaient devoir aboutir. Depuis le 10 mai, Veysset possédait une lettre de M. de Barthélémy-Saint-Hilaire qui lui enjoignait de *terminer avec Dombrowski* COÛTE QUE COÛTE.

Il n'était que temps, l'entreprise si chaudement menée par Veysset et ses amis, était éventée et, sans qu'aucun put encore s'en douter, ils étaient espionnés, *filés*, gardés à vue et les mandats d'arrêt, — il fallait bien conserver une apparence de légalité, puisqu'on jouait au gouvernement sérieux — se signaient contre eux à la préfecture de police.

Le 10 mai, Veysset reçut un billet sans signature,

lui assignant rendez-vous à lui et à M. Ad. Guttin,
pour le lendemain vers 9 heures, au *Café de Normandie* pour l' « affaire qu'il connaissait bien. » — L'affaire qu'il connaissait bien? Il ne pouvait être question de Dombrowski, Veysset était à la veille de tout
terminer avec Hutzinger. On se rappela alors les
ouvertures faites à M. Preudhomme concernant son
fils, le colonel Henry. Serait-ce lui qui viendrait à
eux? — Il ne fallait rien négliger en de telles circonstances. On résolut donc de se rendre au *Café de
Normandie.*

C'était un petit café, situé au coin de la rue
Joubert et de la rue Caumartin et parfaitement
disposé pour un guet-apens. MM. Veysset et Ad. Guttin furent exact au rendez-vous, mais personne ne
les y attendait. Ils s'adressèrent à la dame qui
tenait le comptoir, elle ne savait rien. Les deux
amis patientèrent pendant une heure; puis, las de ne
rien voir venir, ils sortirent en prévenant que si quel-
qu'un les demandait, on pouvait lui répondre qu'ils
repasseraient vers midi. A cette heure-là, en effet,
ils revinrent, mais cette fois encore nul ne s'était
enquis d'eux. Ils s'assirent pourtant et, à peine leur
avait-on servi pour contenance une consommation
douteuse, qu'ils virent entrer deux individus à mine
suspecte. Ces nouveaux clients s'installèrent auprès
des deux amis, les couvant du regard. M. Ad. Guttin
se souvint alors de les avoir remarqué les *filant* dans
la rue et, comme leur regard fixe toujours braqué
sur lui et Veysset commençait à l'irriter, il tira son

revolver de sa poche et, le posant négligemment sur la table : — « Que ces armes sont lourdes et gênantes ! » dit-il en matière de réflexion et en s'adressant à Veysset. Un tressaillement involontaire, mais instinctif, des nouveaux venus, lui permit de constater qu'il avait été parfaitement compris.

Il devenait nécessaire cependant de ne pas prolonger la situation. Alors M. Guttin dit tout haut et sur un ton d'indifférence : — « Décidément on ne « viendra pas. Vous devriez rentrer ; moi, je reste « encore quelques instants et puis, je retournerai « chez moi. » Veysset serra la main de son ami et s'éloigna sans presser le pas. Les deux mouchards le laissèrent aller, se contentant de surveiller M. Guttin. Lorsque celui-ci jugea son ami assez loin pour ne plus pouvoir être poursuivi ; il se leva, prit son revolver, sortit du café, suivi, comme il l'avait prévu, par les *fileurs*. Grâce à sa parfaite connaissance des rues de Paris, aux ressources que présentent leur enchevêtrement, et à l'inaltérable sang-froid qu'il conserve dans les moments critiques, M. Guttin parvint, à dérouter ce jour-là, les limiers de la commune.

Rentré chez lui, Veysset changea de costume, s'affubla d'un chapeau tyrolien et ainsi déguisé sortit de Paris au bras de M. Georges de Warënghem et établit son centre d'opération à Saint-Denis, hôtel du *Lapin blanc*. — De là, il put continuer ses relations avec Hutzinger et avec ses amis restés à Paris, par l'intermédiaire de la dame Müller, femme du con-

cierge de la rue Pigale, 28, et de deux autres coura-
geuses jeunes filles, Victorine et Louise X...

Ce fut par ces deux dernières qu'il apprit le lendemain, l'arrestation de Mme de Forsans-Veysset et
l'occupation de son appartement de la rue Caumartin
par un détachement des « *Vengeurs de Flourens* » —
ces héros de la commune, immortalisés par le crayon
de Berthall.

Cette arrestation s'effectua dans la nuit du 11 au
12 mai, à deux heures du matin, par des gardes de
la brigade Dupont, au domicile de Mme de Forsans-
Veysset, rue Caumartin, n° 62.—On venait évidemment s'emparer de Veysset que nous avons vu partir pour
Saint-Denis, après avoir changé de vêtements. Ne
trouvant pas celui qu'on cherchait, on se consola tant
bien que mal, en arrêtant Mme de Forsans-Veysset,
qui fut conduite à la préfecture de police devant le
délégué Dupont. Après un premier interrogatoire, elle
fut écrouée par ce citoyen *lui-même* et mise au secret.
Le délégué voulut bien la prévenir que si M. Veysset
ne venait pas en personne la réclamer dans les trois
jours, elle serait fusillée.

Pourtant Mme de Forsans-Veysset ne fut pas complètement abandonnée dans la pénible position qui
lui était faite. Une honnête et brave femme, Mme Autonier, dame surveillante du dépôt de la préfecture,
consentit, au risque de perdre sa place et même de
se faire fusiller, d'avertir elle-même Mme Guttin
aîné de l'arrestation de Mme de Forsans-Veysset.

Il était d'une haute importance de faire prévenir

toutes les personnes compromises dans l'entreprise de Veysset, afin qu'aucune d'elles ne se rendît rue Caumartin 62, pour se faire prendre à la souricière que la Commune y avait établie. Mme Guttin aîné hésita d'abord à reconnaître l'écriture de la prisonnière que celle-ci avait déguisée à dessein ; mais sur la présentation d'un bijou — une boucle d'oreille connue de Mme Guttin — celle-ci donna des nouvelles exactes de la situation, afin de calmer les inquiétudes de Mme de Forsans-Veysset ; puis, elle prit ses mesures pour faire connaître l'arrestation de cette dernière à tous les intéressés, en leur signalant le danger de la rue Caumartin.

Malgré la menace de Dupont, Mme de Forsans-Veysset resta jusqu'au 17 mai à la préfecture, sans être autrement inquiétée. Ce jour-là, le citoyen Cournet ayant reçu, par l'entremise d'un tiers, une somme de *trois mille francs*, elle fut transférée à Saint-Lazare et écrouée à la pistole avec des femmes de sergents de ville et d'employés du gouvernement à Versailles.

La veille, M. Alphonse Guttin avait été également arrêté, sur la dénonciation du cocher de la voiture de place, n° 7790. Cet homme qui l'avait conduit plusieurs fois avec Veysset et Hutzinger, ayant conçu des soupçons, les dénonça dans un moment d'ivresse au Comité de salut public [1].

Une souricière fut, en conséquence, établie rue de

[1] Il a été retrouvé depuis par M. Alph. Guttin, qu'il a supplié de ne pas le dénoncer, étant père de famille et ayant agi sous l'influence du vin.

Douai, 3, seul domicile connu de ce cocher. Le 16 mai, M. Alph. Guttin, qui venait des Batignolles, où il avait déjeuné chez ses parents, crut apercevoir en entrant dans la rue de Douai des gens à mine suspecte. En s'approchant, il vit qu'il ne s'était pas trompé; car, à mesure qu'il s'avançait, il se produisait un mouvement parmi ces individus douteux et le cocher, autant qu'il put le distinguer, le désignait et recevait l'ordre de le rejoindre.

Se rendant compte de l'éminence du danger, M. Alph. Guttin rétrograda aussitôt par la rue Notre-Dame de Lorette, où il fut suivi de près par la voiture qui contenait un commissaire de police de la Commune, du nom de Chauvet, et un autre agent. Ce fut alors jusqu'à la rue du Faubourg-Montmartre une véritable chasse à l'homme. La voiture ayant été entravée dans sa marche, M. Alph. Guttin, qui ne ralentissait pas sa course, sauta dans un omnibus, espérant ainsi dépister la poursuite. Malheureusement la voiture put le rejoindre, les deux hommes qui la montaient en descendirent, firent signe au cocher de l'omnibus d'arrêter, et vinrent s'y installer aussi près que possible de M. Alph. Guttin. Celui-ci n'eut pas l'air de s'apercevoir de cette manœuvre; mais à mesure que les voyageurs descendaient, les agents de la Commune se rapprochaient de lui de plus en plus, et lorsqu'ils arrivèrent enfin à son côté, l'un d'eux lui annonça qu'il avait ordre de l'arrêter. — M. Alph. Guttin lui demanda si cet ordre était écrit et que, dans ce cas, il le produisît. L'ordre existait et il était parfaitement en règle. — « C'est bien, répondit M. Alph. Guttin, je vous suis. » — On fit arrêter, et M. Guttin fut conduit au poste de la mairie du 5ᵉ arrondissement, où il passa la nuit.

N'ayant pas été fouillé, il fit disparaître en les mâchant et en les avalant, tous les papiers compromettants qu'il avait sur lui, et il effaça sur son calepin avec son crayon les notes se rapportant à ses agissements. Pour les fédérés qui étaient de garde au poste, ce n'était qu'un simple réfractaire de la Commune ; ils ne refusèrent donc pas de causer avec lui par le judas de la porte, et il obtint même de l'un d'eux qu'il portât un avis à sa famille. Cet avis parvint heureusement à destination et permit à M. Adrien Guttin d'éviter le même sort, en se réfugiant rue Neuve-des-Mathurins, chez des amis de sa famille qu'il ne connaissait même pas et d'où, pourtant, grâces aux messagères Victorine et Louise X...., il put continuer à correspondre avec Veysset.

Le lendemain de son arrestation, M. Alph. Guttin fut conduit à la préfecture de police, fouillé et interrogé par Sicard. Celui-ci se mit dans une effroyable colère contre le commissaire, qui avait fait l'arrestation et qui n'avait pas eu, disait-il, le bon sens de s'emparer immédiatement des papiers du prévenu. Nous savons comment ce dernier s'était hâté de les détruire. Fort de l'ignorance où ses ennemis étaient dès lors obligés de demeurer, il nia tous les faits qui lui furent reprochés dans cet interrogatoire, à la suite duquel il fut écroué au dépôt de la préfecture et mis au secret dans une cellule.

Pendant ce temps la famille de M. Guttin s'occupait des moyens de le sauver.

Un ami de la famille, M. Bourgeois, se rendit, le troisième jour après l'arrestation de M. Alph. Guttin, à la préfecture de police auprès d'un juge d'instruction de la Commune, et lui annonça que son neveu, M. Guttin, avait été arrêté par erreur, et que ce jeune homme était meilleur républicain que ceux qui l'avaient arrêté. Le juge d'instruction, qui ne connaissait pas un mot de l'affaire, consentit à lui laisser voir son neveu et tandis qu'on allait chercher celui-ci, il expliqua à M. Bourgeois qu'il y avait beaucoup de réfractaires dans le quartier de Notre-Dame de Lorette et que, lorsqu'on y effectuait des razias, il se commettait de nombreuses erreurs. Dès que M. Alph. Guttin parut, M. Bourgeois ne lui donna pas le temps de se reconnaître, il lui sauta au cou et, l'embrassant avec effusion, lui dit : « Mon pauvre ne-
« veu, tu as été arrêté dans le quartier de Notre-Dame
« de Lorette, n'est-ce pas; mais M. le juge d'instruc-
« tion me fait espérer que tu vas pouvoir être relâché‘
« puisqu'il n'y a que cela : On te prend pour un
« réfractaire. » Le prisonnier comprenant aussitôt son rôle, répondit dans le même sens au juge d'instruction. Il cita son bataillon des Batignolles dont il ne faisait plus partie depuis longtemps et qu'il avait quitté pour se faire incorporer dans le huitième; quant à la cause de son arrestation, il l'ignorait complètement. Le juge d'instruction, influencé sans

doute par le quartier de Notre-Dame de Lorette, ne prit pas la peine de consulter le dossier. Il répondit à M. Bourgeois qui voulait emmener son neveu avec lui, en lui promettant de le relâcher, aussitôt que certaines formalités seraient remplies, c'est à dire, dans une heure. M. Alph. Guttin, reconduit dans son cachot, dut y attendre sa délivrance, trois longues heures, lorsqu'une minute suffisait pour faire découvrir la ruse! On comprend les angoisses par lesquelles il a dû passer pendant ces trois mortelles heures.—Le drame poignant après la haute comédie!

Il courut aussitôt aux Batignolles embrasser ses parents, leur annoncer son heureuse délivrance et il se hâta de se réfugier dans un quartier tout opposé, rue Cardinal Lemoine, chez une parente, ne doutant pas qu'on vint le rechercher à son domicile... ce qui arriva ainsi qu'il l'avait fort sagement prévu.

Comme on le voit, la situation était des plus tendues à Paris., Mme de Forsans-Veysset arrêtée; M. Alph. Guttin arrêté, relâché il est vrai, mais forcé de se cacher comme son frère ; Dombrowski surveillé ; Hutzinger reconnu à Versailles ; enfin le huitième bataillon, commandé par M. Cadart, licencié et mis dans l'impossibilité de prêter son appui dans le cas où l'on tenterait un coup de main.

Personne cependant ne désespérait encore de l'issue de tant de peines, de tant d'angoisses et de tant de périls affrontés. La lettre de M. Barthélémy St-Hilaire, daté du 10 mai, enjoignant à Veysset d'*en terminer* avec Dombrowski, COÛTE QUE COÛTE, avait donné une nouvelle activité aux négociations. Un traité fut si né avec le général, par lequel celui-ci s'engageait à dégarnir de troupes toute la zone de défense qui lui était confiée, c'est à dire depuis la porte du Point du jour jusqu'à la porte Wagram ; l'art. 4 portait en outre que les prisons seraient remises aux troupes de Versailles et que les otages seraient immédiatement mis en liberté. Le gouvernement de Versailles, de son côté, payait à Dombrowski et à son état-major une somme de un million cinq cent mille francs et leur accordait à tous un sauf-conduit qui leur permettrait de sortir de Paris et de passer la frontière. La somme devait être payée en billets de la banque de France ou en papier sur la maison Rothschild de Francfort ; elle était répartie comme suit : Un million pour Dombrowski, trois cent mille francs pour Hutzinger et ses amis, deux cent mille francs pour divers.

Dès le 14 mai, Dombrowski prenait des mesures pour rendre certain le succès de l'entreprise. Il s'était assuré du concours du colonel Mathieu, à qui il avait fait des ouvertures au commencement des négociations, il pouvait donc compter sur sa coopération active et, pour lui en faciliter les moyens, il signa l'arrêté suivant :

ORDRE DU JOUR.

Le colonel Mathieu est nommé commandant supérieur de toutes les forces réunies entre le Point du Jour et la porte Wagram.

Il établira son quartier général au château de la Muette.

Toutes les troupes cantonnées dans cet endroit recevront les ordres du général par l'intermédiaire du colonel Mathieu.

Elles lui présenteront toutes réclamations concernant leur organisation et leur administration.

Tous les ordres de mouvements de troupes, les bons de vivres, de munitions et d'habillement ne seront valables que timbrés du cachet du 4e régiment et signés par le colonel Mathieu.

Tous conseils de guerre et conciliabules d'officiers sont interdits.

Les ordres émanant d'en haut seront exécutés sans aucune observation.

Ils seront transmis par des voies régulières, à savoir : par l'état-major de la 1re armée ou par le colonel Mathieu.

Toute contravention sera regardée comme crime de trahison, et les coupables seront traduits immédiatement devant un conseil de guerre.

Château de la Muette, 14 mai 1871.

Le général commandant en chef la 1re armée,

Dombrowski.

Cet arrêté livrait toutes larges ouvertes à l'armée de Versailles, les portes du Point du jour, de Passy et d'Auteuil.

Le 15 mai, toutes les mesures étaient prises. Hutzinger quitta Paris pour rejoindre Veysset à St-Denis, hôtel du *Lapin blanc*, afin de se rendre avec lui auprès de M. Barthélémy St-Hilaire, qui devait l'aboucher avec le général Borel, chef d'état-major du commandant en chef, maréchal de Mac-Mahon.

La veille malheureusement Veysset avait eu avec MM. Thiers et Barthélémy St-Hilaire, une entrevue de nuit à la présidence. Il avait dû coucher à Versailles, rue au Pain n° 18, dans l'appartement qu'il avait loué, chez Mme Chrétien, afin de faciliter ses relations avec le gouvernement. Il ne put arriver à St-Denis que vers trois heures de l'après-midi.

Hutzinger, après l'avoir longtemps attendu, perdit patience et partit vers deux heures, malgré les instances de la femme Müller. Cet incident contraria vivement Veysset, qui ne se dissimulait pas combien le temps était désormais précieux et combien il fallait le ménager. Il s'empressa de dépêcher la femme Müller à l'aide-de-camp de Dombrowski, en lui assignant rendez-vous pour le surlendemain, 17 mai.

Ce jour-là l'imprudence d'Hutzinger qui, cependant, devait se savoir surveillé, faillit tout compromettre. Il s'en allait au rendez-vous, insouciant de ce qui se passait autour de lui, se pavanant, dans son brillant costume d'aide-de-camp, sur le superbe cheval arabe qu'il avait emprunté aux écuries de l'ex-empereur. Il fut arrêté par un officier fédéré, commandant de section, légèrement aviné et ayant le vin soupçonneux. Traité de mouchard, il ne put se défendre et ordre fut donné de le conduire devant le comité central; il y aurait été traîné pour s'expliquer si, chemin faisant, il n'eût rencontré un officier de Dombrowski, de ses amis. Il se fit reconnaître et obtint d'être conduit auprès du général. Celui-ci reçut fort mal les gardes, se plaignit vertement au comité de salut public de l'injure faite à son aide-de-camp et, payant d'audace dans un moment où l'on prenait contre lui des mesures préventives disant assez les soupçons qu'il inspirait, il délivra à Hutzinger une passe visée par le comité : cette passe donnait à son aide-de-camp la faculté de sortir de Paris et d'y rentrer à toute heure du jour ou de la nuit et cela... par la porte qui lui plairait le mieux.

Ce laisser-passer permit à Hutzinger de rejoindre Veysset le lendemain, 18 mai. L'entrevue fut décisive, toutes les conventions furent définitivement arrêtées et signées. L'exécution du contrat, fixée au 19 ou au 20 au plus tard. Ce jour-là, de bon matin, devait avoir lieu une dernière rencontre entre Hutzinger et Veysset. Ce dernier devait y apporter vingt mille francs à titres d'arrhes et les sauf-conduits nécessaires au général, à Hutzinger et aux autres officiers de l'état-major.

Tandis que ceci se passait entre St-Denis et Paris, Mme de Forsans-Veysset était toujours détenue à St-Lazarre. Le 18 et le 19, elle subit des interrogatoires qui n'aboutirent pas. La « prévenue » ne comprit pas alors ou ne voulut pas comprendre, que l'exemple du vertueux Cournet avait fait des prosélytes, et que tous ces intègres citoyens étaient capables des plus grands dévouements... proportionnellement aux offres qui leur seraient faites.

De légères entraves firent retarder la dernière

entrevue de Veysset et d'Hutzinger jusqu'au dimanche 20 mai. Comme les précédentes, elle devait avoir lieu à l'hôtel du *Lapin blanc*, à St-Denis ; mais sur les conseils de la femme Müller, elle fut fixée sur le terrain neutre de St-Ouen, placé sous le protectorat de l'armée prussienne qui assistait avec une joie contenue au spectacle de cette horrible guerre civile.

Pourquoi la femme Müller avait-elle conseillé ce lieu de rendez-vous, et quel jeu jouait-elle alors? — C'est aujourd'hui un fait avéré—elle trahissait Veyssets et ses amis après les avoir fidèlement servis les premiers jours. La nature de ses fonctions dans l'entreprise lui avait permis de surprendre beaucoup de choses ; elle avait entendu parler du million promis à Dombrowski, des fortes sommes allouées à Hutzinger et aux autres. Persuadée que Veysset portait ces valeurs sur lui, elle lui réclamait tous les jours les dix mille francs qu'il lui avait laissé espérer pour ses bons services. Ne pouvant les obtenir, elle se décida à livrer « les conspirateurs » à la Commune. A cet effet, elle conseilla le terrain neutre de St-Ouen pour la conférence... Mais n'anticipons pas sur les événements.

Tout en se laissant aller avec trop de confiance peut-être, à fixer le rendez-vous dans le terrain neutre de Saint-Ouen, Veysset ne négligeait aucune démarche pour assurer le succès de son entreprise. Il fit donc demander au commandant prussien, si la plaine était sûre pour une entrevue toute de négociation, et s'il ferait respecter la neutralité au cas où on la violerait. Il lui fut répondu que, dans une guerre entre la France et la Prusse, l'armée prussienne sauvegarderait par tous les moyens, même extrêmes, toute zone déclarée neutre ; mais qu'avec la Commune, on ne répondait de rien.—La déclaration n'était pas rassurante, toutefois vivement pressé par la femme Müller, Veysset n'hésita pas à accepter le rendez-vous indiqué et il passa la journée du 19, dans les préparatifs indispensables de la dernière heure.

Quelque chose cependant des agissements cauteleux de la femme Müller avait dû transpirer à Versailles ; car, dans la soirée du 19 mai, tandis que Veysset se trouvait chez M. Planat, pour convenir avec lui des dernières mesures à prendre, un envoyé de la présidence se présenta, à son domicile de la rue au Pain. Ne l'y rencontrant pas, il chargea la femme Chrétien de recommander à M. Veysset « de ne pas trop s'exposer ».

Le 20, de grand matin, fidèles à leurs engagements Dombrowski et Hutzinger firent leurs dispositions. Hutzinger se rendit aux trois portes qu'occupaient les troupes sous le commandement direct de Dombrowski, il fit retirer les artilleurs et leur enjoignit de cesser le tir ; les bataillons de fédérés qui gardaient les avancées devaient se replier et laisser les ponts-levis baissés, afin que le général en chef, qui allait pousser une reconnaissance, put rentrer sans entraves par une des portes. Le colonel Mathieu était chargé de l'exécution de ces ordres.

Après avoir transmis les commandements du général, Hutzinger, monté sur son cheval arabe, se rendit à St-Ouen. Il rencontra aux avant-postes Veysset. Parti de St-Denis, celui-ci arrivait au rendez-vous avec M. Planat, ancien député, qui avait obligeamment mis sa voiture et son cocher à sa disposition.

La première parole d'Hutzinger fut pour les sauf-conduits de Versailles ; il demanda ensuite à Veysset s'il avait les fonds nécessaires à son entourage. Sur la réponse affirmative de celui-ci qui lui remit aussitôt les sauf-conduits et lui montra les vingt mille francs convenus, Hutzinger se déclara satisfait et fit connaître les dispositions prises avant son départ de Paris. — « Fort bien, répondit Veysset, maintenant « nous n'avons plus qu'à partir, veuillez prendre « place dans la voiture. » — Hutzinger refusa, en alléguant qu'il tenait beaucoup à son cheval arabe, qu'il allait le reprendre où il l'avait laissé et qu'il suivrait à cheval. L'endroit où se trouvait le noble animal était éloigné du lieu du rendez-vous, de quatre-vingt mètres environ du côté de Paris.

Veysset ne fit aucune objection à ce caprice et l'accompagna tout en causant. Comme ils s'éloignaient, M. Planat, resté dans le fond de sa voiture, remarqua plusieurs hommes à mines assez suspectes, roder autour de lui et l'un d'eux même s'approcha et lui demanda du feu pour allumer son cigare.

Peu après, le cocher de M. Planat s'écria : — « Monsieur, Monsieur, on arrête votre ami, sauvons-nous. » — M. Planat ne comprenant pas ce que signifiait

cette exclamation, descendit de sa voiture pour voir
ce qui en était. Très myope malheureusement, il ne
put rien distinguer, mais son cocher qui, du haut de
son siége, se rendait un compte exact de la situation
lui cria de nouveau : — « Monsieur, montez vite, on
« court sur nous ». M. Planat ne l'écoutant pas,
préoccupé qu'il était de savoir ce qui se passait, le
cocher ajouta en faisant le geste de fouetter : —
« Monsieur, Monsieur, nous sommes perdus, si vous
« ne remontez pas, je fouette. »

M. Planat, du reste, voyait maintenant qu'il n'y
avait plus à attendre, les hommes qui accouraient
vers lui, se rapprochant de plus en plus ; il ne fit
qu'un saut dans sa voiture qui partit ventre à terre
dans la direction de Saint-Denis. Les fédérés saluè-
rent son départ d'une décharge de revolvers qui, fort
heureusement, n'atteignit que la caisse du coupé.

Arrivé à Versailles, M. Planat se rendit à la présidence où il fit part à MM. Thiers et Barthélemy
Saint-Hilaire de ce qui était arrivé. Ces Messieurs
furent fort émus de la position grave de M. Veysset,
mais ils exprimèrent l'espoir que, au milieu du tumulte
et du désordre, conséquences inévitables de l'entrée
des Versaillais dans l'enceinte de Paris, les fédérés
oublieraient leur prisonnier et que la vaillante armée,
à qui son dévouement avait épargné tant de sang, le
retrouverait sain et sauf et le délivrerait. Malheureusement il n'en devait rien être, outre les vingt mille
francs qu'il portait sur lui, il possédait des papiers
trop compromettants pour pouvoir être sauvé. Il était,

en outre, trop connu de quelques membres de la Commune qui, selon l'expression de Ferré, lorsqu'il avoua, après avoir longtemps nié son identité, sa participation au meurtre de Veysset, le considéraient « comme leur adversaire le plus redoutable ».

Tandis que les fédérés conduisaient Veysset à la préfecture de police, et que l'on écrouait Hutzinger, en sa qualité d'officier, à la prison du Cherche-Midi, on exécutait aux remparts les ordres que ce dernier avait transmis le matin aux troupes échelonnées de la porte du Point du Jour à la porte Wagram. Toutefois, le succès de ces manœuvres si habilement dirigées, parut un instant compromis par le fait même de l'arrestation de Veysset et d'Hutzinger. Les chefs de l'armée de Versailles, ignorant des mesures prises pour leur livrer les portes, avaient engagé le feu à distance et perdaient un temps précieux. Ce fut alors que Ducâtel se dévoua, et parvint en affrontant la grêle de balles qui tombaient autour de lui, à indiquer, aux troupes de Versailles, par ses signaux répétés que les portes étaient libres [1].

Que devenait alors Dombrowski? Il est facile de comprendre les transes dans lesquelles il vivait. Il voyait bien Paris envahi par les Versaillais; les fédérés reculant de barricades en barricades devant

---

[1] Loin de nous la pensée d'infirmer en rien la courageuse action de Ducâtel, mais nous croyons utile de constater que, si Veysset et ses amis n'avaient pas, en exposant leur vie, préparé les voies à son dévouement, Ducâtel — tel que l'a créé le *Figaro* — n'eut jamais existé.

l'armée française ; « ces gens de boue, lâches et cruels », qu'il méprisait autant qu'eux le haïssaient, s'énivrant de sang pour oublier leur terreur et livrant aux ravages du pétrole, les monuments éloquents de la grandeur et de la gloire de la France ; il assistait à cette lutte horrible, à cette effroyable agonie de l'hydre communard, lui qui avait rêvé la république universelle, ère de paix et de prospérité, l'âge d'or du XIX° siècle !... il se disait, sans doute, qu'il avait contribué pour sa part à étouffer cette révolution sans précédents dans les fastes les plus sombres de l'histoire humaine..... Mais ce sauf-conduit qui devait lui donner la vie sauve, cet argent qu'il avait réclamé pour les siens?..... Hutzinger ne revenait pas..... Veysset aurait-il manqué à sa parole?..... Était-il, lui, Dombrowski trahi par son aide-de-camp?..... Au milieu de ces incertitudes poignantes, il fallait pourtant agir, l'inaction eût été une faute..... elle eût été un crime aux yeux des fédérés..... et le général qui a livré Paris, poussé par la fatalité, se rend aux barricades pour combattre son œuvre en dirigeant la défense désespérée, tentée par cette horde de misérables perdus de débauches et de crimes, préférant mourir en assassinant encore que de se livrer au châtiment qui les attend.

Tandis que Dombrowski vide ainsi jusqu'à la lie la coupe amère des désillusions, son aide-de-camp est transféré de la prison du Cherche-Midi à la préfecture de police pour subir de nouveaux interrogatoires. Lorsqu'il y arrive, il est 8 heures du soir ;

l'entrée des troupes de Versailles est connue, l'inquiétude mord au cœur de tous, les estafettes se succèdent de minutes en minutes, les couloirs regorgent de gens effarés qui courrent, gesticulent, hurlent ; — les uns cherchent à fuir, les autres se préparent à résister, d'autres ne peuvent pas croire à un événement aussi inattendu, les ordres se croisent, l'un contredisant l'autre..... C'est un tumulte indescriptible. Au milieu de ce désordre, incapables de s'entendre, les membres de la commune donnent l'ordre de réintégrer Hutzinger à la prison du Cherche-Midi. Personne ne les écoute ; le prisonnier, abandonné dans une des cours de la préfecture par ceux-là même qui le gardaient, saute sur un cheval et peut, à la faveur du mot d'ordre, sortir de la préfecture. — En route, il rencontre plusieurs officiers de l'état-major de Dombrowski, à qui il annonce l'entrée des troupes de Versailles. Rue Vivienne, il éprouve des difficultés pour passer. Le colonel fédéré qui y commande, prétend qu'il n'a plus le mot d'ordre. Hutzinger ne perd pas son sang-froid, comprenant qu'une journée aussi chaude doit avoir sensiblement altéré le colonel, il apaise ses inquiétudes au moyen d'une bouteille de Champagne qu'ils vident fraternellement chez le marchand de vin, situé au coin de la place de la Bourse et de la rue Vivienne. Cet argument paraît décisif au colonel, qui laisse l'aide-de-camp continuer sa route et se réfugier chez Mlle Jeanne, rue Cadet, n° 10.

L'armée de Versailles, bien qu'entrée dans Paris, n'était pas encore maîtresse de la situation. De ce moment, commença cette guerre meurtrière des barricades où devaient encore succomber tant de braves et honnêtes soldats qui n'étaient sortis de captivité que pour perdre la vie dans cette lutte fratricide. Cependant, quoique lents et pénibles, les succès de l'armée s'affirmaient et la rage des membres de la commune devenait plus fatale tous les jours.

Ce fut dans ces moments critiques que l'on put apprécier le dévouement de quelques bons citoyens, restés sous les coups de la menace, au service de la commune. Le directeur de la prison Saint-Lazare, M. Mouton, reçut le 23 mai un ordre venant du Comité de salut publié, signé Dupont et Rigault, lui ordonnant de faire fusiller Mme de Forsans-Veysset, aussitôt que les troupes approcheraient. Il vint présenter l'ordre à cette dame, en lui disant : — « Si je vous sauve la vie, me sauverez-vous, car je n'ai accepté ce poste que pour ne pas me battre contre Versailles. » — Mme de Forsans-Veysset lui ayant promis de témoigner de sa généreuse conduite en haut lieu, M. Mouton déchira l'ordre, résolu à nier l'avoir reçu, si Raoul Rigault récriminait.

Le 24, le jour même où le malheureux Veysset avait été lâchement assassiné sur le Pont-Neuf, Saint-Lazare fut pris par les troupes de Versailles. Mme de Forsans-Veysset, ayant fait demander aussitôt des nouvelles de M. Veysset, M. Delrice, capitaine au 32ᵉ de ligne, fut envoyé auprès d'elle pour l'assurer que rien de fâcheux ne devait être arrivé à M. Veysset.

Nous avons cependant vu comment la vengeance de Ferré et de Würth avait atteint ce courageux citoyen, que leur avait vendu une malheureuse femme égarée par ses instincts de cupidité. Amené devant le Comité par ceux qui avaient arrêté Veysset, elle déposa contre lui et révéla tout ce qu'elle savait de la « conspiration ». Dans son interrogatoire, qui ne dura pas moins d'une heure, elle fit preuve d'un tel cynisme que Ferré, se tournant vers Würth, ne put s'empêcher d'exprimer énergiquement son opinion : — « Cette » femme est une rude canaille, mais elle nous rend » b..... service. [1] »

Veysset était mort sans avoir eu la consolation de connaître la réussite de son œuvre. Il l'avait laissée, et c'est le cas ou jamais de le dire, à la grâce de Dieu, au moment où il touchait au but. Dombrowski, lui, était mort avec l'amère persuasion de s'être vendu

[1] La femme Müller, écrouée au dépôt de la préfecture le même jour que Veysset, s'est vantée devant Madame Autonier d'avoir servi MM. Veysset, Guttin frères et leurs amis, dans le but de les livrer tous à la Commune : « Cependant, « ajouta-t-elle, s'il m'avait donné ce matin les 10,000 francs que « je lui demandais, je ne l'aurais pas fait arrêter. Mais il me « disait toujours : Madame, quand les troupes seront rentrées, « vous aurez ce que je vous ai promis, je vous en donne ma « parole. Ma parole ! Moi, je n'y crois pas à la parole et j'ai « perdu patience. » — Puis, après avoir réfléchi, elle reprit : « J'ai peut-être eu tort de faire arrêter celui-là ; c'est l'autre « dans la voiture qui avait les millions ! Enfin ! » — L'autre, c'était M. Planat.

sans résultat. Le mardi 22 mai, en effet, comme il arrivait devant la barricade du boulevard d'Ornano, il tomba de son cheval, atteint au bas-ventre par une balle. Immédiatement relevé, quatre fédérés le portèrent sur une civière par le boulevard Magenta à l'hôpital Lariboissière. Un officier précédait le funèbre cortége, tenant à la main un drapeau rouge. Le général se tordait sur sa couche dans des convulsions terribles causées par la douleur. A l'hôpital, il succomba après une agonie de deux heures.

En rendant le dernier soupir, toutes les tortures morales, qu'il avait endurées depuis la fatale matinée du dimanche 20 mai, lui montèrent au cœur et s'épanchèrent dans ces amères paroles : « *Voilà comme on meurt lorsqu'on est trahi !* »

Du moins, il eut de splendides funérailles. Le 24 mai, son corps fut porté au cimetière du Père-Lachaise par un membre de la Commune, son frère le colonel Dombrowski, quelques officiers et un piquet d'honneur. Là, au son du canon qui grondait, du pétillement de la fusillade qui éclatait de toutes parts, à la lueur fauve de l'incendie qui se propageait, devant un auditoire morne, consterné, sous le poids d'une émotion poignante et indescriptible, le citoyen Vermorel parle, s'agite comme un serpent, siffle avec une rage concentrée non l'armée régulière qui fait son devoir, mais cette horde d'ivrognes et de lâches qui, *la veille encore, accusaient leur chef de trahison* et qui l'ont abandonné seul sur une barricade, où il a trouvé la mort. En confiant les restes mortels de

Dombrowski à la terre, on procédait aux funérailles de la Commune.

Ce fut seulement le 25 mai que M. Alph. Guttin vint chercher Mme de Forsans-Veysset à Saint-Lazare. Il ignorait encore le sort de Veysset et le croyait toujours prisonnier. Mais le lendemain comme, sous une pluie de balles, il courait aux informations, il rencontra le sous-brigadier Bacon, surveillant au dépôt de la préfecture de police. Celui-ci, homme loyal et honnête, qui avait conservé ses fonctions sous la Commune dans un but louable, lui apprit l'affreuse nouvelle. « Il s'attendait à être fusillé, ajouta-t-il ; il ré-
» pétait souvent : Ils me fusilleront parce que l'armée
» entrera dans Paris, mais je ne dirai rien. » — Un des collègues de Bacon, dont le nom nous échappe en ce moment mais qui était natif de Cahors, donna quelques renseignements sur les derniers moments de Veysset : « Lorsqu'ils (les commissaires) le firent sor-
» tir de la prison pour le faire fusiller, je regardai
» autour de moi afin de savoir s'il n'y aurait pas un
» homme de bonne volonté pour me seconder. J'au-
» rais tiré sur Ferré et les hommes, qui ne fusillaient
» Veysset qu'à contre-cœur, l'auraient volontiers aidé
» à s'évader. — Les deux victimes que j'ai le plus
» regrettées sont le Père Ducoudray et Veysset. »

MM. Guttin frères furent atterrés en apprenant, à n'en point douter, la fatale nouvelle. Le 28 mai, jour de la délivrance de Paris, arriva bientôt, et il n'y eut plus moyen de cacher son malheur à Mme de Forsans-Veysset. On comprend quelle fut sa douleur ;

elle était de celles qui se sentent et ne se définissent pas.

Cependant le maréchal de Mac-Mahon faisait afficher sur les murs de la capitale la proclamation suivante :

HABITANTS DE PARIS,

L'armée de la France est venue vous sauver.

Paris est délivré.

Nos soldats ont enlevé, à quatre heures, les dernières positions occupées par les insurgés.

Aujourd'hui la lutte est terminée; l'ordre, le travail et la sécurité vont renaître.

Au quartier général, le 28 mai 1871.

Le maréchal de France commandant en chef,

DE MAC-MAHON, DUC DE MAGENTA.

En effet, la ville respirait alors librement, se sentant délivrée du cauchemar affreux qui l'oppressait depuis deux mois et dix jours. Échappés aux saturnales de sang auxquelles la Commune les avait forcés d'assister, spectateurs impuissants et indignés, tous les habitants de Paris accueillaient l'armée libératrice avec des démonstrations de joie aussi sincères que bruyantes. Le drapeau tricolore, flottant sur les monuments publics jadis déshonorés par le drapeau rouge, était salué comme le signe de paix et de prospérité. L'armée avait conscience du courage et du sang-froid déployés par ses hommes pour terminer cette guerre plus douloureuse et plus hérissée de dangers que toute autre ; elle se montrait modestement fière de la sympathie qu'elle inspirait et qu'elle savait avoir méritée. En présence de ce spectacle plein de promesses pour l'avenir, les hommes de cœur qui avaient tout sacrifié à la cause de l'ordre, pouvaient se dire avec un juste orgueil, lorsque nos soldats victorieux défilaient au milieu des ruines de Paris incendié par la Commune, que beaucoup leur devait la vie et qu'eux, ils avaient bien mérité de la patrie. Un deuil immense, toutefois, emplissait leur cœur au milieu de cette joie si légitime ; Veysset, qui avait été l'âme de l'entreprise, qui avait partagé toutes leurs angoisses et tous leurs dangers, Veysset avait payé de sa vie son dévouement au pays !

L'avenir, du reste, réservait de nouvelles déceptions à ceux qui lui survivaient.

II

LE GOUVERNEMENT DE M. THIERS

Paris délivré, MM. Guttin frères et Mme de Forsans-Veysset, qui avaient puisé dans leur propre
bourse toutes les dépenses et toutes les avances nécessaires aux négociations de Veysset, se trouvaient
dans une position critique. M. Alph. Guttin avait été
allégé de tout ce que l'on avait trouvé sur lui lors de
son arrestation, et son mobilier avait été incendié
dans son domicile avenue Victoria. Les « vengeurs
de Flourens » étaient restés dix jours chez Mme de
Forsans-Veysset mettant tout au pillage, brisant
les meubles qu'ils ne pouvaient emporter et faisant
main basse sur les vêtements, les bijoux et le peu
d'argent qui restait.

Il fallait remédier au mal et le plus promptement
possible. Dès le 29 mai, MM. Guttin frères, écrivirent

à M. Barthélémy St-Hilaire, chef du cabinet de M. Thiers.

Voici leur lettre *in extenso* :

Paris, 29 mai 1871.

A Monsieur Barthélémy de Saint-Hilaire, chef du Cabinet, à Versailles.

MONSIEUR LE MINISTRE,

Amis intimes de M. Veysset, ses confidents et intéressés dans la mission que vous lui aviez confiée, nous venons vous prier instamment de nous accorder une audience pour entendre les révélations de haute importance que nous avons à vous faire.

Nous savons que vous avez déjà appelé auprès de vous M. Hutzinger, ancien aide-de-camp de Dombrowski.

Nous avons à vous donner sur la même affaire des détails que M. Hutzinger ignore et qu'il vous importe de connaître.

Nous venons d'apprendre que notre malheureux ami, M. Veysset, est mort, victime de son dévouement à la cause de l'ordre et de la légalité. Les plans de notre ami avaient trop bien réussi pour que les bandits de la Commune consentissent à lui pardonner. Il a été fusillé mardi matin, 23 courant, sur les ordres de l'indigne Ferré.

Sa femme attérée par l'horrible nouvelle qu'il a fallu lui apprendre, veut vous voir, Monsieur le Ministre, pour vous faire certaines communications. Nous ne doutons pas que vous ne consentiez à la recevoir immédiatement.

Nous vous supplions aussi de nous fournir les moyens de l'accompagner. Compromis nous-mêmes dans l'affaire dont il s'agit, nous y avons laissé plus que notre fortune, l'un de nous a été emprisonné et ce n'est que par un hasard providentiel que tous deux nous avons échappé à la vindicte de la Commune.

Veuillez agréer, Monsieur le Ministre, l'assurance de notre profond respect et de notre haute considération,

AD. GUTTIN. AL. GUTTIN.
41, rue Boursault.

N. B. Mme veuve Veysset, demeure rue Caumartin, 62.

Dans la journée du 26 mai, M. Adrien Guttin avait, en effet, retrouvé Hutzinger rue Cadet n° 10, où il s'était réfugié en sortant de la préfecture de police. Il ignorait la mort de Veysset que M. Adrien Guttin lui-même n'avait pas encore apprise. Hutzinger rappela à ce dernier les promesses à lui faites et réclama un sauf-conduit qui lui permit de quitter la France. M. Guttin s'empressa d'écrire pour l'obtenir; mais, l'expédition en ayant tardé quelque temps, l'ex-aide-de-camp de Dombrowski vivait dans des transes mortelles, craignant à la fois, d'être découvert par les fédérés qui l'auraient indubitablement assassiné, et par les troupes de Versailles qui, elles, ne l'auraient pas épargné. Ne pouvant résister à tant d'angoisses, il écrivit au commandant Cadart pour lui rappeler les engagements pris vis à vis de Dombrowski et il exprimait, en même temps, son vif désir de se livrer lui-même aux troupes de Versailles. M. Cadart accepta de lui servir d'intermédiaire et Hutzinger fut conduit à Versailles où il se réclama du général Borel, à qui malheureusement Veysset n'avait pu le présenter le 15 mai comme il en avait eu le projet.

Le 31 mai, M. Barthélémy St-Hilaire répondit à MM. Guttin, rue Boursault, 41, à Paris :

POUVOIR EXÉCUTIF.

PRÉSIDENCE
du
Conseil des Ministres.

RÉPUBLIQUE FRANÇAISE.

Versailles, 31 mai 1871.

MESSIEURS,

Si vous avez à m'entretenir de l'infortuné M. Veysset, vous pouvez me trouver tous les matins à la Préfecture d'où je vous écris, et où je loge.

Agréez, Messieurs, mes salutations cordiales.

Votre dévoué concitoyen,

B. SAINT-HILAIRE.

Aussitôt, Mme de Forsans-Veysset adressa la requête suivante à monsieur le chef du pouvoir exécutif :

A Monsieur le Chef du Pouvoir exécutif.

MONSIEUR LE PRÉSIDENT,

Mon mari, M. Veysset, a été fusillé le 23 mai[1] sur les ordres de la Commune, victime de son dévouement au Gouvernement.

[1] Mme de Forsans-Veysset, encore mal informée, avance d'un jour l'assassinat de Veysset.

La mort de M. Veysset m'oblige à vous demander audience pour vous expliquer de vive voix ce qu'il a fait et les engagements qu'il y a lieu de remplir.

En m'accordant cette audience, je vous serais reconnaissante, Monsieur le Président, de me fournir le permis nécessaire pour me rendre à Versailles accompagnée de MM. Adrien et Alphonse Guttin, amis et intéressés de mon mari.

J'ai l'honneur d'être, Monsieur le Président,
votre très humble servante,

MARGUERITE VEYSSET.

A Monsieur le Président du Conseil des Ministres, chef du Pouvoir exécutif.

M. Adrien Guttin et Mme de Forsans-Veysset avaient obtenu, pour la journée du 2 juin, un laisser passer personnel que nous reproduisons ici :

ARMÉE
DE VERSAILLES.

État-major général.

PLACE DE PARIS.

Le Chef de poste à la porte Saint-Cloud laissera sortir librement Monsieur Adrien Guttin se rendant à Versailles.

Le présent laissez-passer n'est valable que pour la journée du deux juin 1871.

Versailles, le 2 juin 1871.

Pour le Général commandant la Place,
Le colonel, major de place,

E. LAMY.

De Versailles, Mme de Forsans-Veysset, adressa à M. l'amiral Saisset une lettre dont nous ne citerons que les passages les plus importants, les autres indiquant seulement, et dans un désordre bien justifiable en pareille circonstance, les agissements de Veysset, déjà connus du lecteur et ce que l'on savait alors de sa fin tragique :

Versailles, le 3 juin 1871.

A Monsieur l'amiral Saisset, 24, rue de la Chancellerie. Versailles.

Monsieur l'Amiral,

Au nom de mon mari qui vient de périr si malheureusement victime de son patriotisme et de son dévouement, au nom de l'estime que vous lui témoigniez, je viens vous supplier d'intercéder pour moi auprès de M. le Chef du Pouvoir exécutif. Je vais vous expliquer aussi brièvement que possible ce que je réclame de M. Thiers.

. . . .

Pour tant de sacrifices quelle a été sa récompense?

Pour lui, la mort, une mort affreuse; pour moi, sa femme, l'emprisonnement, des traitements indignes, et enfin la ruine; pour des amis qui prêtaient leur concours à mon mari, l'emprisonnement et la ruine.

. . . .

Je vous demande donc instamment de voir Monsieur le Chef du Pouvoir exécutif. Je le dis hardiment, mon mari a rendu trop de services pour qu'on refuse d'entendre sa veuve. Ce que je demande vous le savez, ce n'est pas le prix du sang de mon mari, je ne veux rien ni pour sa vie perdue si tôt, ni pour ses peines. Ce que je demande, c'est que ses amis soient désintéressés, et que pour cela une somme de 15 à 20,000 fr. me soit remise immédiatement, car le temps presse. Vous verrez ensuite, Monsieur l'Amiral, s'il ne serait pas juste que le reste des débours de mon mari me fût rendu.

Je ne veux pas prétendre que mon mari ait été autorisé à faire ces dépenses[1], mais elles étaient indispensables au succès de l'entreprise. Elles ont produit un résultat heureux, il est juste qu'on nous en tienne compte. Nous ne pouvons pas avoir si cruellement souffert pour en arriver à la ruine et à la misère. Non, cela n'est pas possible.

J'ai encore une chose à demander. Cette fois c'est l'exécution d'une promesse sacrée. M. Hutzinger, l'ancien aide-de-camp de Dombrowski, qui avait réussi à échapper aux gens de la Commune, s'est livré de son propre mouvement à l'autorité militaire. Il est juste qu'il soit relâché, c'est un engagement pris par les Représentants du Gouvernement.

Je vous remercie à l'avance, au nom de mon mari, de ce que vous ferez pour moi, et je vous prie,

Monsieur l'Amiral,

d'agréer avec l'expression de ma reconnaissance, l'assurance de mes sentiments respectueux et dévoués,

Ve VEYSSET.

62, rue Caumartin.

De son côté, M. Alph. Guttin appuya cette demande par la lettre suivante, adressée à M. Barthélémy

---

[1] Madame Veysset ignorait encore l'existence de la lettre du 10 mai, où M. Barthélémy St-Hilaire pressait Veysset d'en terminer avec Dombrowski, *coûte que coûte*.

St-Hilaire, et dans laquelle il poussa la bonne foi jusqu'à lui confier une pièce précieuse, le reçu des *dix mille francs* payés pour les canons de Montmartre :

Versailles, 3 juin 1871.

A M. Barthélémy Saint-Hilaire, chef du Cabinet.

Monsieur,

Je vous en conjure, je vous en supplie, soyez favorable à la demande que Mme Veysset a adressée aujourd'hui à M. le Chef du Pouvoir exécutif, par l'entremise de M. l'amiral Saisset et selon votre conseil. Considérez, Monsieur, que nous avons rendu des services, que nous avons exposé notre vie, que l'infortuné Veysset y a perdu la sienne, que nous avons été traqués et que nous avons cruellement souffert. Ne nous infligez pas une dernière douleur en nous déniant la justice qui nous est due.

Madame Veysset vient de retrouver dans le logement que son mari occupait à Versailles, rue au Pain, 18, le reçu d'une somme de 10,000 francs donnée pour Montmartre. Je vous l'envoie sous ce pli. D'autres quittances qui se trouvaient à Paris ont été détruites et ne peuvent être représentées pour les autres versements, pas plus naturellement, que pour les fonds saisis sur M. Veysset lors de son arrestation.

Veuillez agréer, Monsieur, l'assurance de mon
profond respect.

AL. GUTTIN.

Les démarches de Mme de Forsans-Veysset, de MM. Guttin frères, furent accueillies à Versailles avec une grande apparence de sympathie. On paraissait comprendre l'importance des services rendus par la victime du 24 mai. M. l'amiral Saisset, du reste, appuyait vivement cette simple revendication de sommes avancées, et quelques jours après l'envoi de la requête de Mme de Forsans-Veysset, il lui faisait parvenir le billet suivant :

Le vice-amiral Saisset, membre de l'Assemblée nationale, s'empresse de porter à la connaissance de Madame Veysset, « que Monsieur le Chef du Pouvoir exécutif, « Président du Conseil des Ministres, le charge de dire à « Madame Veysset, toute sa sympathie pour son affreux « malheur, et qu'il fera ce qu'il lui sera possible pour « améliorer sa situation; que des ordres seront donnés, « pour *qu'une indemnité* dont le chiffre sera ultérieure- « ment indiqué, vienne en aide à Monsieur Alphonse « Guttin pour le remboursement d'une partie des fonds « prélevés par Monsieur Veysset, sur sa caisse, *dans un* « *but favorable à l'ordre.* »

Prière d'aller voir le plus tôt possible Monsieur Barthélémy de Saint-Hilaire, secrétaire général du Chef du Pouvoir exécutif, avec ce mot d'écrit qui est l'exacte communication qui lui a été faite par Monsieur le secrétaire général.

Vice-Amiral SAISSET,
Membre de l'Assemblée nationale.

Cette visite fut faite sans retard; mais les causes mêmes les plus justes, lorsqu'elles doivent traverser toute la filière administrative, ne sont entendues et résolues qu'avec le temps, — beaucoup de temps.

Pourtant le 12 juin, M. Alph. Guttin écrivait à son frère :

Paris, 12 juin 1871. 1 heure.

MON CHER ADRIEN,

Je sors de chez Mme Veysset où j'ai appris une bonne nouvelle.

Dans sa maison demeure un certain M. Fournier, chef de cabinet du Ministre de l'intérieur. Ce matin il dit à la concierge de la rue Caumartin : « Qu'est-il donc arrivé à « ce pauvre M. Veysset ? » Et sur la réponse de la concierge, il ajouta : « Samedi, M. Thiers a fait demander au « ministère s'il y avait des fonds disponibles, et la lettre « qui portait cette demande, mentionnait que les fonds « dont s'enquerrait M. Thiers, étaient destinés à la veuve « Veysset. »

Ceci ne peut pas avoir été inventé. C'est donc une excellente nouvelle. Reste à savoir le chiffre. Et, à ce sujet, je pense qu'une fois la somme fixée, il n'y aura pas à y revenir. Je regrette donc que nous n'ayons pas mis M. Bocher en campagne, parce que, avec son intervention, on aurait peut-être obtenu plus qu'on ne recevra. Songes-y et vois s'il ne serait pas utile d'aller le voir.

Je n'ai pas encore reçu de réponse de l'amiral.

Une chaude poignée de main,

AL. GUTTIN.

Des amis communs avaient, en effet, mis M. Ad. Guttin en rapport avec M. Charles Bocher, et celui-ci, après avoir pris connaissance de la mission acceptée par Veysset et de ce que réclamaient MM. Guttin et Mme de Forsans-Veysset, avait fort obligeamment offert ses bons offices et son influence pour les aider à obtenir justice. C'est pourquoi M. Alph. Guttin, dès le lendemain de sa première lettre, insistait auprès de son frère :

Paris, 13 juin 1871.

MON CHER ADRIEN,

Rien n'est encore arrivé de Versailles. Aussi Mme Veysset et moi, nous sommes d'avis que tu ailles voir au plus tôt M. Bocher. Je crains bien que si nous n'obtenons rien *maintenant*, nous n'obtiendrons *jamais* rien. Enfin, le chiffre une fois fixé, il n'y aura peut-être plus moyen d'y revenir. Et puis l'avenir pourrait amener des complications qui seraient désastreuses pour nous. Profite donc du bon vouloir de M. Bocher. Tâche d'obtenir de lui qu'il fasse une démarche auprès de M. Thiers lui-même. J'espère beaucoup dans l'intervention de M. Bocher.

Je n'ai pas de réponse de l'amiral.

Tout à toi,
AL. GUTTIN.

M. Ad. Guttin ayant fait la démarche que son frère lui demandait, reçut un accueil des plus gracieux. M. Ch. Bocher réclama un état des débours de Veysset, avec autant de pièces à l'appui que possible.

M. Ad. Guttin s'empressa de le satisfaire, et le 15 juin il lui annonçait par une première lettre qu'il lui remettait ce compte détaillé. A celui-ci était joint une lettre d'envoi et la missive de l'amiral Saisset que nous avons déjà publiée plus haut.

Voici les lettres de M. Guttin et le compte détaillé qui les accompagnait :

Monsieur Ch. Bocher, 7, rue Saint-Florentin, Paris.

Paris, le 15 juin 1871,
5, rue Letellier.

Monsieur,

J'ai l'honneur de vous remettre l'état des sommes que, sur la demande de M. Veysset, nous avons déboursées pour la cause de l'ordre et sur la promesse verbale d'être intégralement remboursés même en cas de non réussite.

Ces débours s'élèvent à environ 36,000 francs.

Je joins à cet état une lettre de M. l'amiral Saisset, dont le contenu vous fera voir que Monsieur le Chef du Pouvoir exécutif, appréciant la situation, a bien voulu s'engager à donner suite à nos justes demandes.

Ayant déjà trop abusé de votre bienveillant accueil, je n'entrerai dans aucun détail sur cette malheureuse affaire dont vous avez pu suivre tous les fils.

Comme l'a dit Madame Veysset à Monsieur le vice-amiral Saisset dans sa lettre du 3 courant, ces dépenses étaient indispensables au succès de l'entreprise. Elles ont produit un résultat heureux, il est juste qu'on nous en tienne compte. Nous ne pouvons pas avoir si cruellement souffert pour en arriver à une ruine d'autant plus complète que mon frère a été incendié par la Commune.

Je vous en prie, Monsieur, faites qu'on nous rende justice.

Nous ne demandons de récompenses d'aucune sorte. Qu'on nous rembourse nos débours et nous nous estimerons trop heureux d'avoir été utiles à notre pays en contribuant à des manœuvres qui ont rendu facile l'entrée des troupes, ont énervé la résistance de l'insurrection et évité aussi une plus grande effusion de sang.

Veuillez agréer, Monsieur, avec l'expression de ma reconnaissance, l'assurance de l'entier dévouement de

Votre très humble et obéissant serviteur
AD. GUTTIN.

Paris, 15 juin 1871
41, rue Boursault.

Monsieur Charles Bocher, 7, rue Saint-Florentin.

MONSIEUR,

Suivant ce qui a été convenu ce matin entre nous, je vous remets, sous ce pli, copie des pièces annoncées dans ma lettre de ce jour et dont j'ai eu l'honneur de vous communiquer les originaux.

Il n'y a que vous, Monsieur, qui, par votre haute situation et votre grande autorité, puissiez hâter la solution de notre instance auprès de Monsieur Barthélémy Saint-Hilaire, puisque vous avez pu apprécier *les services rendus* et la position intolérable qui en résulte aujourd'hui pour nous.

Je n'insisterai donc pas auprès de vous, Monsieur, et j'ose compter sur la très grande bienveillance que vous nous avez témoignée, pour espérer un très prochain règlement et d'ici la fin de ce mois au plus tard, si possible.

Nous accepterions volontiers un ou plusieurs bons du Trésor à longue échéance, si le paiement de l'indemnité à nous allouer devait en être facilité, étant à même, grâce à nos relations, de les escompter rapidement.

Veuillez bien agréer, Monsieur, l'expression de ma reconnaissance et l'assurance de mon profond respect.

Votre très humble et obéissant serviteur

AD. GUTTIN.

P. S. Selon votre désir, je vais m'occuper de réunir les documents relatifs à l'ouvrage dont vous m'avez entretenu, et de me mettre à l'œuvre pour vous satisfaire de mon mieux. Mon frère et moi pourront vous fournir des détails inédits, et qui, j'aime à le croire, vous intéresseront.

Note pour Monsieur Charles Bocher.

Affaire VEYSSET

et GUTTIN frères.

—⁕—

État des débours de MM. Guttin frères pour la cause de l'Ordre.

Pour Montmartre. . . . . . . 10,000 — Dont reçu a été remis à M. Barthélémy de S'-Hilaire par MM. Guttin dans leur lettre du 3 juin courant.

Le 21 mai

Pour le commandant Hutzinger, aide-de-camp du général Dombrowski, tant pour lui que pour l'état-major de Dombrowski . . . 20,000 — Somme saisie par la Commune sur M. Veysset.

M. Planat, ancien député, qui accompagnait M. Veysset et qui a été témoin de son arrestation aux avant-postes de S'-Ouen en courant lui-même de grands dangers, a vu cette somme aux mains de M. Veysset.

M. Planat a dû déjà

A reporter. . . 30,000

Report. . . 30,000

Au commandant Cadart du 8ᵉ bataillon, pour les officiers et gardes de l'Ordre qui ne voulaient rien recevoir de la Commune, et qui avaient besoin de leur solde pour vivre, ainsi que pour des citoyens gagnés à la cause de l'Ordre et étrangers au bataillon . . . . . 2,900 — Dont certificat ci-joint.

A M. Veysset, pour les familles du général Dombrowski et du commandant Hutzinger, pour quitter Paris et pour frais divers dans l'entourage du général . . . . . 3,000 — Sans reçu et en 3 fois. Deux versements ont été faits par MM. Guttin, l'un de 900 francs, l'autre de 1,200 francs, en présence de témoins qui l'attesteront au besoin. (Cadart et Hutzinger.)

Par MM. Guttin pour location de divers appartements et frais divers, environ 280

Total. . . 36,180

Note en marge (en tête) : certifier de ce fait auprès de M. Barthélémy Sᵗ-Hilaire et en tout cas ne fera aucune difficulté pour en témoigner (1). Ce témoignage peut être au besoin corroboré par celui des gardiens du Dépôt de la Préfecture.

N. B. Dans ces débours ne figurent pas les pertes subies *directement* par Mᵐᵉ Veysset et par MM. Guttin.

Chez Mᵐᵉ Veysset, « les vengeurs de Flourens » sont restés 10 jours, ont brisé des meubles, emporté des effets et un peu d'argent. De plus ils ont enlevé *tous les papiers, livres et valeurs* lui appartenant.

L'un des MM. Guttin a été arrêté comme ayant prêté son concours à M. Veysset. La pièce ci-jointe, qu'il a conservée, donne les détails des fonds et objets qui ont été saisis sur lui.

¹ Ce témoignage a été donné depuis par lettre reproduite dans le cours de ce récit. Voir page 76.

Le même a eu son appartemant brûlé et n'a rien pu sauver de son mobilier, précisément parce qu'il avait dû se cacher ailleurs pour échapper aux poursuites dont il était l'objet.

Toutes ces pertes ont été causées indirectement par la mission dont M. Veysset était chargé.

On n'en parle ici que pour mémoire.

Paris, 15 juin 1871.   AD. GUTTIN.
5, rue Letellier,
ou 41, rue Boursault, domicile de
M. Alphonse Guttin.

Nous publions, pour mémoire aussi, l'inventaire du *fouillement* de M. Alph. Guttin :

Inventaire des pièces et objets trouvés sur le citoyen Guttin, le 16 mai 1871.

Un portefeuille maroquin.

Six cent cinquante francs en billets de cinquante francs sous enveloppe.

Un trousseau de dix clefs.

Un journal, *le Soir*, DE VERSAILLES.

Un couteau canif à plusieurs lames.

Argent laissé en poche : vingt-deux francs (22 fr.).

Le commissaire spécial.
Signé : CH. CHAUVET.

Cachet rond avec effigie de liberté.

COMMUNE DE PARIS.
VIe ARRONDISSEMENT.
RÉPUBLIQUE FRANÇAISE.

Pour copie conforme à l'original en nos mains,
A. GUTTIN,
41, rue Boursault.

M. Guttin avait encore joint à cette lettre le reçu de M. Luce, sergent-secrétaire du 8ᵉ bataillon, pour une forte partie des sommes déboursées, afin de procurer une solde et des vivres aux gardes nécessiteux dudit bataillon. Nous le reproduisons :

GARDE NATIONALE
DE PARIS.

2ᵉ subdivision.

8ᵉ bataillon.

ᵉ compagnie.

Le commandant Cadart du 8ᵉ bataillon de la garde nationale de la Seine, certifie avoir reçu des mains de MM. Guttin, une somme totale de *deux mille quatre cents francs* en divers à-comptes [1].

Ladite somme employée pour les besoins de gardes et autres gagnés à l'ordre et ne recevant rien de la Commune.

Le présent certificat délivré ce 14 juin 1871 à MM. Guttin pour leur servir en tant que de besoin.

Pour le chef du 8ᵉ bataillon 2ᵉ arrondissement,

Le sergent secrétaire,

L. LUCE.

Ce reçu porte le timbre du chef du 8ᵉ bataillon.
Un autre de *cinq cents francs* devait suivre.

---

[1] La somme totale versée est de 2,900 francs.

MM. Guttin produiront ultérieurement un certificat supplémentaire pour la somme en différence avec le reçu actuel, soit 500 francs.

Le lendemain, avant que M. Ch. Bocher eût pu faire la moindre démarche, M. Barthélémy Saint-Hilaire adressait à M. le Président du Conseil le rapport suivant :

POUVOIR EXÉCUTIF.

PRÉSIDENCE
du
CONSEIL DES MINISTRES.

RÉPUBLIQUE FRANÇAISE.

Versailles, 16 juin 1871.

Rapport à M. le Président du Conseil sur la mort de M. Veysset.

Parmi les bons citoyens qui ont cherché à faciliter la prise de Paris, M. Veysset est un de ceux qui ont montré le plus de zèle et qui se sont approchés le plus près du but, c'était M. le vice-amiral Saisset, qui l'avait introduit près de moi; et je l'ai pratiqué durant deux mois[1]; dans cet intervalle, j'ai pu juger de son honnêteté et de son dévouement. Vers le 15 mai, il s'était mis en rapport avec un des aides-de-camp de Dombrowski; et il avait fait plusieurs voyages entre Versailles et Saint-Denis où se passaient les entrevues. Le 23 mai, il a été surpris par des agents de la Commune, et il a été fusillé sur le champ[2].

Il laisse une veuve que j'aie vue plusieurs fois, et qui reste absolument sans ressources.

Deux de ses amis, honorables commerçants, MM. Guttin frères, rue Boursault, 41, à Paris, s'étaient associés à ses

---

[1] Sans vouloir offenser M. le rapporteur, pourrait-il, dans un moment de loisir, nous expliquer ce logogriphe. Quant à nous, nous avouons naïvement ne rien entendre à la *pratique.*

[2] Ceci prouve que M. le rapporteur ne savait pas un mot de l'affaire.

desseins et avaient fait des avances assez considérables pour solder des gardes nationaux fidèles.

J'avais désapprouvé ce procédé[1] et je n'avais autorisé aucune dépense de ce genre; mais je ne puis douter que les avances aient été faites et je crois qu'il serait juste de les rembourser au moins en partie[2]. J'ai examiné avec M. le vice-amiral Saisset à quel chiffre ces avances pouvaient se monter et nous sommes tombés d'accord qu'elles avaient été au moins de 15,000 francs.

Je vous propose, Monsieur le Président du Conseil de vouloir bien faire rembourser cette somme à Mme Veysset et aux deux amis de M. Veysset; car il serait vraiment trop dur[3] qu'à leur trop juste affliction, ces personnes, d'ailleurs parfaitement honnêtes, ajoutassent encore une perte d'argent considérable. Je crois que cette compensation est due à la mémoire d'un homme excellent, dont je n'ai pas toujours approuvé les démarches, mais qui m'a donné de son caractère et de son patriotisme la meilleure impression.

Si vous le voulez bien, Monsieur le Président, vous apprécieriez le rapport que je vous soumets ici, et vous revêteriez de votre signature.

Le représentant du peuple,

B. SAINT-HILAIRE.

Approuvé :

Le Président du Conseil,
chef du Pouvoir exécutif de la République française,

A. THIERS.

---

[1] Et votre lettre du 10 mai?
[2] Le « *au moins en partie* » est joli.
[3] Une larme bien placée de M. B. S. H.

Sur ce rapport, l'autorisation suivante fut immédiatement délivrée :

M. BADIN (*Caisse du Ministre de l'intérieur*),

rue de Varennes, 78bis, 10 h. précises.

POUVOIR EXÉCUTIF.

PRÉSIDENCE
du
CONSEIL DES MINISTRES.

RÉPUBLIQUE FRANÇAISE.

Versailles, 16 juin 1871.

Conformément au rapport adressé, par moi à M. le Président du Conseil et approuvé par lui en date de ce jour, j'autorise par la présente le paiement de la somme de quinze mille francs au nom de MM. Guttin frères[1].

Le représentant du peuple,
B. SAINT-HILAIRE.

A la suite du rapport est écrit ce qui suit :

J'autorise M. Badin à payer à Mme veuve Vesseyt et à MM. Guttin frères, conformément au rapport ci-dessus, sur leur quittance collective, la somme de quinze mille francs, allouée par M. le Chef du Pouvoir exécutif.

Ladite somme sera imputée sur le chapitre XIII[2].

Versailles, le 19 juin 1871.

Le ministre de l'intérieur,
LAMBRECHT[3].

---

[1] Encaissement effectué le 19 juin 1871.

[2] Nous ne sommes pas curieux, mais nous aimons à savoir : « Qu'est-ce que le chapitre XIII ? »

[3] M. Lambrecht avait connu Veysset et il avait suivi avec un

Dès le 17, M. Ad. Guttin se rendit à Versailles avec Mme Veysset, pour présenter leurs réclamations à M. Barthélémy Saint-Hilaire, au sujet des débours que l'indemnité de *quinze mille francs* accordée par M. Thiers, sur le rapport de son chef de cabinet, laissait en souffrance.

Il fit part de cette démarche à M. Ch. Bocher, dans une lettre datée du 25 juin :

Dimanche, 25 juin 1871.
5, rue Letellier.

Monsieur Charles Bocher, 17, rue Florentin, Paris.

Vendredi dernier je suis allé à Versailles avec Mme Veysset. La réception de M. B. Saint-Hilaire a été très gracieuse, mais il n'y a encore rien de déterminé pour les débours excédant les 15,000 frs. encaissés le 19, débours s'élevant à 36,000 frs. environ d'après l'état que je vous ai remis et auquel il y a lieu d'ajouter 3,000 frs. remis aux fameux Cournet et dont j'avais oublié de faire mention[1]. L'amiral Saisset a eu connaissance de ce paiement. C'est donc en tout 39,000 frs. de débours dans lesquels il serait de la plus grande urgence que nous puissions rentrer.

Si par une de ces bonnes paroles dont vous avez le secret, vous pouviez hâter la solution, vous nous rendriez un véritable service.

vif intérêt toutes les phases de la terrible partie que celui-ci avait engagée. — M. Lambrecht a essayé ou plutôt il a voulu reconnaître les services rendus par Veysset, mais la mort ne lui a pas laissé le temps d'accomplir cet acte de justice.

[1] Les trois mille francs payés pour le transfert de Mme Veysset à Saint-Lazare — transfert qui lui a sauvé la vie.

En attendant que je puisse vous voir et vous remercier, je vous prie, Monsieur, de vouloir bien agréer l'assurance de mon entier dévouement.

AD. GUTTIN.

Ce fut quelques jours après que MM. Guttin frères et Mme de Forsans-Veysset purent apprécier combien est grande la justice distributive des choses de ce monde. Dans le décret accordant, pour services rendus au gouvernement pendant la Commune, des récompenses honorifiques, nominations dans l'ordre de la légion d'honneur et décorations de la médaille militaire, le 8e bataillon, le seul bataillon de l'ordre pendant ces terribles journées, fut à peu près oublié[1]. Il eut pour sa part une médaille militaire accordée à un caporal *que personne ne connaissait*. Le 6 juillet, Ducatel était décoré pour avoir facilité l'entrée des troupes au Point du jour, sans qu'elles aient eu à faire brèche et à donner l'assaut de ce côté des fortifications[2]. De ceux qui avaient énervé la défense dans la zône placée sous le commandement de Dombrowski, qui avaient travaillé, en exposant leur vie, à la libération de Paris, de ceux-là, vivants ou morts, il ne fut jamais parlé ; et on leur refusait même le remboursement de leurs avances. C'est ce qui ressort de la lettre de M. Barthélémy St-Hilaire à M. l'amiral Saisset en date du 10 juillet 1871.

[1] Il a été recompensé depuis.
[2] Nous le répétons, ce que nous disons ici n'infirme en rien la conduite de Ducatel.

POUVOIR EXÉCUTIF.

PRÉSIDENCE
du
CONSEIL DES MINISTRES.

RÉPUBLIQUE FRANCAISE.

Versailles, 10 juillet 1871.

MON CHER COLLÈGUE,

J'ai communiqué à M. le Président du Conseil votre lettre d'avant-hier, avec les pièces qui l'accompagnaient. Il ne croit pas devoir aller plus loin qu'il n'est allé ; et vous vous souvenez que pour ma part personnelle, j'ai toujours désapprouvé les paiements qui ont pu être faits par le malheureux M. Veysset et par ces Messieurs[1]. J'ai fait ce que j'ai pu pour les empêcher d'entrer dans cette voie ; et je ne crois pas que l'État puisse être responsable quand ses organes ont formellement refusé de s'associer à ces procédés[2].

Mais j'ai profité de l'occasion pour parler de nouveau à M. Thiers de la position cruelle de Mme Veysset, et j'espère qu'elle pourra être comprise dans une mesure générale qu'il faudra prendre pour un certain nombre d'infortunées qui se trouvent dans la même situation.

Agréez, mon cher collègue, mes salutations cordiales,

Votre dévoué collègue,

B. ST-HILAIRE.

Cette lettre dut éprouver quelque retard dans son

---

[1] Et la lettre du 10 mai ?

[2] Décidément, en écrivant cette lettre, M. Barthélémy St-Hilaire oubliait sa missive du 10 mai, faute d'un copie de lettres qu'il n'avait pas acheté — sans doute pour épargner les finances épuisées de la France.

envoi, car l'amiral Saisset écrivait le lendemain à M. Ad. Guttin :

Monsieur Ad. Guttin, 41, rue Boursault, Paris.

Monsieur, je me suis empressé de transmettre vos pièces à M. le Chef du Pouvoir exécutif, et cela par l'intermédiaire de M. le comte Daru, président de la commission du 18 mars, avec une lettre très pressante de moi, sollicitant le remboursement intégral des débours faits pour la cause de l'ordre par M. Veysset.

Vice-amiral SAISSET.

Membre de l'Assemblée nationale.

Mais le 15 juillet, il transmettait la réponse de M. Barthélémy St-Hilaire à M. Alph. Guttin, en l'accompagnant de quelques mots de sympathie :

ASSEMBLÉE
NATIONALE.

Le 15 juillet 1871.

MONSIEUR,

Je m'empresse de vous transmettre la réponse de M. Barthélémy Saint-Hilaire.

Je regrette de ne pouvoir mieux.

Veuillez dire à Mme veuve Veysset toutes mes sympathies et mon ardent désir de la voir l'objet d'une récompense nationale.

Bien à vous,

Vice-amiral SAISSET,

Membre de l'Assemblée nationale.

M. Adrien Guttin informa M. Charles Bocher de cet échec en lui écrivant la lettre suivante :

21 juillet 1871.

Monsieur Ch. Bocher, 7, rue S. Florentin. Paris.

Monsieur,

J'ai le regret de vous informer que par lettre de M. Barthélémy Saint-Hilaire à M. le vice-amiral Saisset, nous ne devons pas espérer le remboursement des 24,000 et quelques cents francs nous restant dûs sur nos avances pour la cause de l'ordre.

J'étais sorti pour aller vous voir aujourd'hui, mais il était trop tard et demain je ne puis m'absenter.

Ne serait-ce pas trop abuser de votre obligeance que de vous prier de vouloir bien me faire savoir par un mot demain, si vous pouvez voir M. le Chef du Pouvoir exécutif pour appuyer ma demande. On m'objecte que Veysset n'était pas autorisé à faire des débours. Je prouverai que Veysset n'était pas tout à fait un étranger pour le gouvernement ; la preuve c'est qu'on a déjà remboursé 15 mille francs sur 39,000. Je ne réclame ni bénéfice, ni récompense que je refuserais du reste maintenant, mais je ne veux pas être ruiné par le gouvernement et au besoin je réclamerai à la Chambre par voie de pétition.

Avant de prendre un tel parti, j'ai besoin de savoir si, me continuant votre bienveillance, vous pouvez voir M. Thiers d'ici mardi par exemple, et obtenir de lui le remboursement intégral de mes débours pour la cause de l'ordre.

Veuillez bien agréer, Monsieur, l'expression de ma haute considération et de mes sentiments les plus respectueux.

AD. GUTTIN.

Le même jour, il écrivait également à M. Planat :

21 juillet 1871.

M. Planat, 99, rue Neuve des Mathurins, Paris.

Monsieur,

Très occupé depuis quelque temps, je n'ai pas pu me rendre auprès de vous pour vous fixer sur notre affaire de ravitaillement. Ainsi que je vous l'avais fait pressentir, cette affaire n'a plus de suite maintenant; M. le vice-amiral Saisset l'a confirmé à mon frère dans une lettre toute récente. Espérons que les résultats heureux que nous aurions pu en retirer se retrouveront pour vous dans l'affaire de chemin de fer dont vous m'avez entretenu, et pour laquelle je suis tout à votre disposition, si je puis vous être utile en temps opportun.

J'aurais besoin de votre attestation pour réclamer utilement à l'autorité compétente, le remboursement de 20,000 frs. dont Veysset était porteur lorsqu'il s'est rendu avec vous aux avant-postes de Saint-Ouen où il s'est fait arrêter si malheureusement. Voudriez-vous avoir l'obligeance de m'envoyer demain si c'est possible votre attestation du vu de cette somme aux mains de Veysset quelques instants avant son arrestation par les gens de la Commune. Vous me rendrez service et je vous en offre à l'avance tous mes remerciements.

Veuillez agréer, Monsieur, l'assurance de ma considération la plus distinguée.

AD. GUTTIN.

Son frère, de son côté, répondait à l'amiral Saisset :

*A M. l'amiral Saisset, membre de l'Assemblée nationale,
à Paris.*

MONSIEUR L'AMIRAL ,

J'ai l'honneur de vous accuser réception de votre lettre du 15 courant.

Mon frère aîné avait également bien reçu celle que vous avez pris la peine de lui adresser le 11.

Nous n'avons pu lire la lettre de M. Barthélémy Saint-Hilaire sans éprouver un amer découragement ; mais les pénibles nouvelles que vous nous avez transmises, Monsieur l'amiral, n'ont pas altéré nos sentiments de reconnaissance envers vous. Nous savons bien qu'il n'a pas dépendu de vous que le résultat fut meilleur et nous ne pouvons que vous adresser de nouveau nos sincères remerciements.

Nous aurions une *dernière* communication à vous faire et nous vous demandons de prendre une fois encore la peine de nous entendre.

Pourrions-nous, sans vous déranger, nous présenter chez vous *à Paris* lundi ou mardi matin ?

Préférez-vous que nous nous rendions l'après-midi à Versailles ?

Je vous le répète, Monsieur l'amiral, c'est une *dernière* audience que nous vous demandons. Soyez assez bon pour nous l'accorder.

Veuillez agréer, Monsieur l'amiral, l'assurance de mon profond respect.

AL. GUTTIN, 41, rue Boursault.

Les réponses ne se firent pas attendre longtemps, celle de M. Planat était datée du 22 juillet :

Sur votre demande, j'atteste qu'au moment où l'infortuné M. Veysset s'est séparé de moi pour aller aux avant-postes de Saint-Ouen où il a été arrêté par des agents de la Commune, il était porteur d'une somme de vingt mille francs en billets de banque, placée dans la poche gauche de son vêtement. Cette somme est nécessairement tombée dans les mains de ceux qui l'ont fait prisonnier . et, plus tard, lâchement assassiné.

Agréez, Monsieur, l'expression de mes sentiments distingués.

O. PLANAT, boulevard des Italiens.

M. l'amiral Saisset répondait de son côté :

Paris, 24 juillet 1871.

MONSIEUR,

J'ai l'honneur de vous accuser réception de votre lettre en date du 21 de ce mois.

Je regrette de ne pouvoir faire plus que je n'ai pu faire pour ce que vous désiriez.

Obligé d'aller tous les matins à Versailles, pour les séances de la commission de réorganisation de l'armée, et très occupé à suivre les discussions de la Chambre, je n'ai pas un moment à moi. Ayez donc la bonté de m'écrire la communication que vous désirez me faire, ce sera plus simple et plus prompt.

Veuillez agréer, Monsieur, la nouvelle assurance de ma haute considération et de mes meilleurs sentiments de sympathie.
V.-A. SAISSET.

M. Alph. Guttin exposa le 27 juillet la résolution qu'il avait prise de concert avec son frère :

A Monsieur l'amiral Saisset, membre de l'Assemblée nationale, à Paris.

Paris, le 27 juillet.

MONSIEUR L'AMIRAL,

J'ai l'honneur de vous accuser réception de votre lettre du 24 juillet courant et, selon votre désir, je viens vous faire part du motif qui m'avait engagé à vous demander audience.

Après réception de la lettre de l'honorable M. de Barthélemy Saint-Hilaire en date du 10 de ce mois, que vous nous avez communiquée, nous nous sommes demandé si nous devions rester sous le coup du refus qui nous était si injustement infligé. Ce n'était cependant pas une indemnité que nous avions demandée. Après avoir employé tous nos efforts à servir notre pays, nous ne désirions pas d'autre récompense que le témoignage de notre conscience. Ce que nous réclamions, vous le savez, Monsieur l'amiral, c'était le remboursement des paiements que nous avions faits pour la cause de l'ordre et de l'argent saisi par la Commune sur M. Veysset, argent dont nous avions fait l'avance.

Les paiements faits à des agents de la Commune ont puissamment contribué au résultat obtenu par l'armée; quant à la somme saisie sur M. Veysset, l'État était vingt fois à même de la rembourser sur les fonds saisis aux mains des insurgés.

Aussi, après avoir mûrement réfléchi à la douloureuse situation qui nous est faite, sommes-nous fermement résolus à en appeler à la justice de l'Assemblée nationale.

Un avocat, compatriote et ami de M. Veysset a été saisi de l'affaire, qui sera très prochainement portée devant la Chambre par voie de pétition. Notre cause est trop juste, les intérêts que nous défendons sont trop légitimes pour que nous les abandonnions avant d'avoir, en dernier ressort, fait appel à cette suprême juridiction. Ma déférence envers vous, M. l'amiral, me faisait un devoir de vous en prévenir, car il est impossible que dans un pareil débat votre nom ne soit pas prononcé ! Pourquoi faut-il que ce débat public soit devenu nécessaire ! Nous déplorons profondément qu'il ne soit plus possible de l'éviter.

Nous mettons le temps à profit et chaque jour de nouveaux documents viennent s'ajouter à ceux que nous avons déjà produits. Ainsi nous avons reçu dernièrement de M. O. Planat, ancien député de la Charente, une déclaration ainsi conçue :

« Sur votre demande, j'atteste qu'au moment où l'infor-
« tuné M. Veysset s'est séparé de moi pour aller aux avant-
« postes de Saint-Ouen où il a été arrêté par les agents de
« la Commune, il était porteur d'une somme de vingt mille
« francs en billets de banque, placée dans la poche gauche
« de son vêtement. Cette somme est nécessairement
« tombée dans les mains de ceux qui l'ont fait prisonnier
« et, plus tard, lâchement assassiné.

« Agréez, etc.

« O. PLANAT,
32, boulevard des Italiens. »

Vous comprenez, M. l'amiral, combien cette déclaration est précieuse, émanant d'un homme tel que M. Planat, dont le témoignage ne peut être mis en doute. Nous regrettons de ne pas l'avoir reçue assez à temps pour la mettre sous les yeux de M. Barthélémy Saint-Hilaire qui, mieux renseigné, eût peut-être été plus favorable à notre demande. Mais il est trop tard maintenant ; il ne nous reste plus qu'un parti à prendre : celui que je viens d'avoir l'honneur de vous expliquer.

Veuillez agréer, M. l'amiral, l'assurance de mes sentiments les plus dévoués.

AL. GUTTIN,

41, rue Boursault.

Si MM. Guttin frères n'ont pas donné suite à cette résolution, c'est qu'examen fait des pièces du procès, ils ont reconnu que leurs révélations pouvaient compromettre des personnes auxquelles ils regretteraient toujours d'avoir fait tort. Un sentiment de délicatesse les a retenus dans l'accomplissement de leur projet ; mais ils n'ont pas abandonné tout espoir de voir se lever le jour de la justice.

Hutzinger, qui s'était volontairement livré, avait réclamé auprès du général Borel, le sauf-conduit qui lui avait été formellement promis. Mais celui-ci, nous l'avons dit, ne le connaissait pas, Hutzinger fut écroué comme tous les autres insurgés. Son procès s'instruisit lentement, très lentement, il subit une détention préventive de quatorze mois et fut ensuite relàché par une ordonnance de non-lieu, après un interrogatoire de M. Adrien Guttin et de Mme de Forsans-Veysset.

A l'occasion de l'instruction de son procès, M. Ed. Roux, avocat compatriote et ami de Veysset, dont M. Alph. Guttin, fait mention dans sa dernière lettre à l'amiral écrivit à M. le rédacteur en chef de *Paris-Journal* :

Monsieur,

Je lis dans votre numéro du 23 juin un entrefilet relatif à l'instruction dirigée contre un des aides-de-camp du général Dombrowski.

Vous dites, en soulevant un coin du voile, qu'une des clauses essentielles de la convention intervenue entre le gouvernement de Versailles, ou son mandataire, et cet « illustre général » était le versement préalable d'une somme de 20,000 fr. entre les mains de l'aide-de-camp, aujourd'hui sous la main de la justice.

Cela est vrai, Monsieur. Mais ce que vous ne dites pas, c'est que la somme de 20,000 fr., empruntée par le mandataire du gouvernement, n'a pas été restituée à ceux qui l'avaient prêtée.

C'était pourtant la dernière ressource de gens dévoués, qui jouaient tout à la fois leur fortune et leur vie dans cette entreprise.

A tous les points de vue, Monsieur, le procès auquel vous faites allusion sera très instructif et plein d'enseignements.

Toute la vérité sera dite, et mieux encore, elle sera prouvée.

Recevez, etc.

Édouard Roux,
avocat, 53, rue de Provence.

Le procès de Hutzinger n'ayant pas eu lieu, *toute la vérité n'a pu être dite ni prouvée* en ce temps-là ; aujourd'hui nous l'avons dite et prouvée.

La résolution de MM. Guttin frères peut paraître désespérée ; mais aussi leur patience était à bout. Tandis qu'on leur refusait à Versailles le remboursement de leurs avances, M. Guttin aîné rencontrait la femme Müller contre laquelle ils avaient déposé une plainte que nous transcrivons ici :

Paris, 28 mai 1871.

Nous demandons l'arrestation et la mise en jugement de la femme Müller, concierge, demeurant rue Pigalle, 28, qui s'est rendue coupable de délation dans les circonstances que voici.

Cette femme était employée par un de nos amis, M. Veysset, agent du gouvernement, chargé par M. Barthélémy Saint-Hilaire d'une mission spéciale.

Elle le dénonça à la Commune et le fit arrêter dimanche dernier, 21 courant, aux avant-postes à Saint-Ouen.

Notre malheureux ami, accablé par les témoignages de cette misérable créature, fut condamné à mort. — Extrait, mardi dernier, du dépôt de la préfecture de police où on l'avait incarcéré, il a été fusillé sur le Quai de l'Horloge et jeté ensuite à la Seine.

La conduite indigne de la femme Müller mérite un châtiment exemplaire. Sa culpabilité est établie par le témoignage de tous les gardiens du dépôt de la préfecture, notamment par celui du sous-brigadier Bacon et plus encore par les affirmations de Mme Autonier, géôlière, demeurant rue de Savoie, n° 9.

Nous soupçonnons le mari, M. Müller[1], d'avoir été com-

---

[1] Voici une lettre assez peu claire dudit Müller adressée à

plice du guet-apens ; toutefois nous n'avons pas de certitude à cet égard.

Nous ne connaissons pas les époux Müller et, en les signalant à la justice, nous ne sommes mus que par le désir de venger notre malheureux ami.

AD. GUTTIN.   AL. GUTTIN.

5, rue Letellier-Grenelles.   41, rue Boursault (Batignolles).

Cette plainte resta sans effet et la femme Müller se vanta auprès de M. Adrien Guttin qu'un locataire de sa maison, M. Coulon, avocat, ancien secrétaire de M. Jules Favre, lui avait fait donner un secours de 300 francs et que si lui, M. Guttin, voulait voir M. Coulon, celui-ci lui ferait rendre justice. Inutile de dire que ces ouvertures furent reçues comme elles le méritaient [1].

M. Adrien Guttin, rue Boursault, 41, en son absence à M. Alphonse Guttin, Batignolles :

BIEN CHER MONSIEUR,

Échappé comme par miracle de toutes ces fusillades, je suis rentré chez moi hier, trouvant ma femme bien malade, les gredins m'ont tout volé ; je n'ai plus aucun papier qui puisse constater mon identité et je n'ose pas sortir, j'aurais un pressant besoin de vous parler, si vous aviez un petit instant à me donner vous ou Monsieur votre frère vous me ferez le plus grand plaisir, trois officiers fédérés sont venus à la préfecture, lorsque, mercredi 24 mai, j'étais déjà sorti. Ils me cherchèrent dans tous les couloirs le chassepot à la main pour me fusiller, les gardiens leur ont dit que je devais être sorti puisque ma cellule était vide : Ah ! qu'ils ont dit il nous le faut ; mais grâce à Dieu j'étais échappé.

En attendant le plaisir de vous voir, je suis votre dévoué serviteur.

MULLER.

Paris, lundi 29 mai 1871.

[1] Nous avons appris depuis que la femme Müller avait reçu 10,000 francs. — Ce fait, quoique invraisemblable, nous a été tellement bien affirmé par une personne digne de foi que, malgré

Ce n'est pas à nous de conclure. Le public a en mains les pièces du procès, c'est à lui à prononcer.

Cependant qu'il nous soit permis, en terminant, de regretter l'oubli dans lequel est tombé le nom de celui qui a le plus contribué à la chute de cette folle et sanglante anarchie de soixante-dix jours, qui a rendu à la France Paris mutilé — Paris que l'invasion prussienne avait à peine effleuré pendant un douloureux siége de quatre mois! Oui, qu'il nous soit permis de regretter que des sociétés philanthropiques, comme la *Société nationale d'encouragement au bien*, semble ignorer jusqu'au nom de ce martyre de l'ordre et jusqu'à celui de ses associés; que l'Assemblée nationale, enfin, en décrétant la pierre commémorative érigée dans l'église de Notre-Dame, n'ait pas ajouté le nom de Veysset à celui des otages!

nous, nos doutes sont ébranlés en songeant aux 300 francs accordés officiellement et à la promesse formelle de 10,000 francs faite par Veysset. — Cet argent aurait alors été le denier de Judas.

FIN.

BRUXELLES
Typ. de MR Weissenbruch
15. Place de l'Industrie